"一带一路"沿线国家国际会计准则趋同研究

李燕捷 著

中国财经出版传媒集团
中国财政经济出版社

图书在版编目（CIP）数据

"一带一路"沿线国家国际会计准则趋同研究 / 李燕捷著 . —北京：中国财政经济出版社，2019.7
ISBN 978 – 7 – 5095 – 9102 – 4

Ⅰ.①一… Ⅱ.①李… Ⅲ.①国际会计准则 – 研究　Ⅳ.①F233.1

中国版本图书馆 CIP 数据核字（2019）第 139087 号

责任编辑：彭　波　　　　　责任印制：党　辉
封面设计：王　颖　　　　　责任校对：徐艳丽

中国财政经济出版社 出版

URL：http：//www.cfeph.cn
E – mail：cfeph @ cfeph.cn

（版权所有　翻印必究）

社址：北京市海淀区阜成路甲 28 号　邮政编码：100142
营销中心电话：010 – 88191537
北京财经印刷厂印装　各地新华书店经销
710×1000 毫米　16 开　11 印张　200 000 字
2019 年 7 月第 1 版　2019 年 7 月北京第 1 次印刷
定价：68.00 元
ISBN 978 – 7 – 5095 – 9102 – 4
（图书出现印装问题，本社负责调换）
本社质量投诉电话：010 – 88190744
打击盗版举报热线：010 – 88191661　QQ：2242791300

前言

　　"一带一路"倡议对于我国与沿线国家更好地共同建立经济合作伙伴关系，共同打造政治互信、经济融合、文化包容的利益共同体、命运共同体和责任共同体具有积极地推进作用，是我国实现伟大复兴的重要决策之一。自2013年我国提出共建"一带一路"倡议以来，得到了许多国家的响应和支持，纷纷加入到"一带一路"中来。沿线国家与中国之间进一步加深了互联互通和经贸合作，越来越多的国家从中受益。"一带一路"倡议使我国与国际经济的对接更加紧密，对外投资更加广阔，带动了经济全球化健康发展。今后还会有更多的国家和地区加入这一伟大的共同体中来。在"一带一路"经济融合的过程中，由于各国会计制度具有不同的特色，财务信息出现不对称，影响了部分国家投资双方的贸易收益。各国不同的会计准则在一定程度上成为了各国之间经济发展的障碍，制约了中国与沿线有些国家的经济交流与合作。会计的国际化能够提高国家的竞争力，能够在国际资本市场上获得更大的利益。国际性经济交易越频繁、越复杂会计准则就越重要。国际会计准则是目前国际上公认的质量最高的会计准则，我国的会计准则已经与国际会计准则实现了实质性趋同，但还有一些国家仍保持自己国家特色的会计制度。为了更好地促进"一带一路"国家的经济合作、贸易畅通，研究我国会计准则与沿线国家会计准则的差异、了解各国与国际会计准则趋同情况对于增强我国在经济交流中与各国会计信息的可比性、在发展中形成优势互补相互促进是非常重要的。

目录

第1章 绪论 ··· 1
1.1 研究背景 ··· 1
1.2 研究目的 ··· 3
1.3 研究意义 ··· 5
1.4 研究思路、内容与方法 ································· 6
1.5 创新及重点 ··· 9
1.6 研究贡献 ·· 10

第2章 "一带一路"沿线国家的经济和会计准则 ············ 12
2.1 "一带一路"沿线的国家 ······························ 12
2.2 沿线国家总体经济状况 ································ 13
2.3 沿线国家经济发展特征 ································ 17
2.4 沿线国家的经济结构 ·································· 23
2.5 沿线国家采用国际会计准则现状 ························ 28

第3章 国际会计准则 ···································· 35
3.1 国际会计准则 ·· 35
3.2 国际会计准则的发展 ·································· 39
3.3 国际会计准则协调、趋同与等效 ························ 43
3.4 国际会计准则（IAS）与国际财务报告准则（IFRS）的区别 ···· 46
3.5 国际会计准则趋同的必要性 ···························· 46
3.6 国际会计准则的发展前景 ······························ 48

第4章 我国会计准则的国际趋同 ·························· 50
4.1 我国会计准则国际趋同的背景 ·························· 50

4.2 我国会计准则国际趋同的发展情况 …………………………………… 51
4.3 我国新企业会计准则 …………………………………………………… 55
4.4 我国会计准则与国际会计准则内容比较 ……………………………… 58
4.5 我国会计准则与国际会计准则差异影响因素分析 …………………… 76

第5章 "一带一路"沿线国家会计准则的国际趋同 ………………………… 79
4.1 沿线国家会计准则趋同的现状 ………………………………………… 79
5.2 会计准则趋同采用模式 ………………………………………………… 80
5.3 沿线国家会计准则趋同的影响因素 …………………………………… 81
5.4 部分国家会计准则差异比较的例证分析 ……………………………… 83
5.5 部分国家的会计准则现状 ……………………………………………… 119
5.6 沿线国家国际会计准则趋同的特征 …………………………………… 132

第6章 会计准则国际趋同的影响及策略 …………………………………… 134
6.1 会计准则国际趋同的影响 ……………………………………………… 134
6.2 会计准则国际趋同的经济后果 ………………………………………… 136
6.3 "一带一路"沿线国家会计准则趋同的策略 ………………………… 143

附录 ……………………………………………………………………………… 147
参考资料 ………………………………………………………………………… 148

第1章 绪　　论

1.1　研究背景

"一带一路"倡议是党中央、国务院根据国际形势、统筹国内国际做出的重大决策，对于构建开放型经济新体制，形成东中西共济、海陆统筹的全方位对外开放新格局，对于实现"两个一百年"奋斗目标，实现中华民族伟大复兴的中国梦，具有重大而深远的意义。"一带一路"倡议使中国与沿线各国迈向利益共同体、命运共同体、责任共同体，开创更加美好的未来；中国将推进与沿线各国互相对接发展战略，促进经济要素有序自由流动、资源高效配置和市场深度融合；中国将与沿线各国形成国际国内互动、互通、互补的跨国界大区域和次区域新布局，产业新动力，合作发展新格局。

"一带一路"是指"丝绸之路经济带"和"21世纪海上丝绸之路"。"一带一路"横跨三大洲，是世界上跨度最长的经济大走廊，贯通南亚、东南亚、西亚、北非、中东欧等世界大部分地区。其涉及亚太经济圈和欧洲经济圈，经济总量约21万亿美元。"一带一路"能够提升区域内的市场潜力，促进投资和消费，为沿线国家创造需求和就业。"一带一路"对中国开创开放新格局、促进沿线地区和世界和平具有重大意义。"一带一路"为沿线国家创造了新的发展机会，体现了理解、和平、包容、合作、共赢的合作精神。"一带一路"政策的实施对我国经济和周边国家影响意义深远。

"一带一路"坚持共商、共建、共享的原则，积极推进沿线国家发展的相互对接。合作领域涉及政治、经济、文化等各个方面，做到政策互通、设施联通、贸易畅通、资金融通、民心相通。"一带一路"最重要的目标是实现亚欧非地区的共同繁荣。国际投资和国际贸易是推动经济增长的重要引擎，也是深化各国互利合作的关键所在。贸易畅通即贸易自由化和投资便利化，两者相互促进相辅相成。

"一带一路"沿线国家的政治、经济、文化环境不同，如果跨国企业缺少投资国的深入了解，就常常会面临巨大的投资风险。在国际经济交往中，会计准则的国际化水平反映了一个国家的经济与世界融合的程度，会计信息是反映国家经济发展水平和发展潜力的重要指标，其引导世界经济资源的流动方向。不同会计准则对外国投资者了解和评价企业的财务状况和经营成果造成一定障碍，影响外国投资者对各国的投资以及本国企业在境外资本市场的融资。

截至目前"一带一路"沿线65个国家，有汉语、俄语、希腊语、尼泊尔语、波兰语、菲律宾语等50多种官方语言。不同的官方语言和各具特色的会计制度造成了经济交流财务信息上的不对称，影响了各国投资双方的贸易收益，也阻碍了双边国家经济持续健康发展，甚至导致贸易摩擦。

一个国家的文化环境、政治经济体制、法制水平对会计准则的制定有重大影响。由于各国政治、经济、法律、文化等环境的不同，世界各国的会计准则也存在着较大的差别，在不同会计准则下编制出来的财务报表反映出来的会计信息就有所差异。不同的会计制度会给投资国的经贸合作带来难度和阻碍。沿线65个国家会计准则存在着差异性，这在很大程度上对各国经济交往和贸易合作增加了障碍，限制了国际资本的自由流动，制约了经济交流与合作。随着国际性经济交易日益频繁，会计准则国际趋同能够有效地提高各国、各地区、各公司会计信息的可比性，有助于国际商贸与经济合作、跨国投资、国际货币市场融资，促进国际资本要素的优化配置。因此，各国实行一套规范一致的国际会计准则是非常必要的，会计准则国际趋同是资本与经济全球化及一个国家经济发展的必然趋势。

《2015年度中国对外直接投资统计报告》数据显示，2015年中国企业对"一带一路"相关国家的投资流量为189.3亿美元，同比增长38.6%，占当年流量总额的13%；共有并购项目101起，并购金额92.3亿美元，占当年并购项目总额的17%。流量前10的国家有新加坡、俄罗斯、印度尼西亚、阿联酋、印度、土耳其、越南、老挝、马来西亚、柬埔寨。2015年年末中国对外直接投资存量的八成以上（83.9%）分布在发展中经济体，在发达经济体的存量占比为14%，另有2.1%的存量在转型经济体。投资存量方面，2015年年末，中国对"一带一路"相关国家的直接投资存量为1156.8亿美元，占中国对外直接投资存量的 10.5%。存量前 10 的国家是：新加坡、俄罗斯、印度尼西亚、哈萨克斯坦、老挝、阿联酋、缅甸、巴基斯坦、印度、柬埔寨。2015 年中国企业对"一带一路"相关国家并购项目 101 起，并购金额 92.3 亿美元，占 2015 年我国企业对外投资并购项目总额的 17%。其中以色列、哈萨克斯坦、新加坡、俄罗斯、老挝等国家吸引中国企业并购投资超过 10 亿美元。2015 年，中国对东盟直接投资快速增长，流量首次突破百亿美元，达到 146.04 亿美元，同比增长 87%，占流量总额的 10%，占对亚洲投资流量的 13.5%。2015 年年末对东盟投资存量为 627.16 亿美元，占存量总额的 5.7%，亚洲投资存量的 8.2%。2015 年年末，中国共在东盟设立直接投资企业 3600 多家，雇佣外方员工 31.5 万人。从 2015 年对东盟投资流量的主要分布行业来看，租赁和商务服务业 66.74 亿美元，同比增长 438.6%，占 45.7%；制造业 26.39 亿美元，占 18.1%；批发和零售业 17.43 亿美元，占 11.9%；金融业 9.12 亿美元，占 6.2%。根据商务部《2016 年"一带一路"沿线国家投资合作情况》报告，2016 年中国对"一带一路"沿线国家中的 53 个国家直接投资 145.3 亿美元，主要流向新加坡、印度尼西亚、印度、泰国、马来西亚等国家。中国以工程承包为先导，辅以金融服务为支持，建设一系列合作园区与自贸区是中国海外投资的重要方向。

"一带一路"倡议规划涵盖亚欧非三大板块，涉及亚太经济圈和欧洲经济圈，沿线大多是发展中国家和新兴经济体，这些国家基础设施、互联互通、互联网、金融等方面普遍薄弱，由于国与国之间会计准则的差异，难免会涉及经济利益上的争端。国际投资越频繁，会计国际化越重要。国际会计准则能够促进沿线各国经济往来顺利进行，保证财务信息可比性与公开性，免除经济冲突与分歧。因此，应促进"一带一路"沿线国家进行国际会计准则趋同，保证"一带一路"战略规划的顺利进行，实现沿线各国经济的共同繁荣。

1.2　研究目的

随着"一带一路"倡议的逐步推进，我国的对外投资与国际贸易活动愈加频繁和复杂，这项倡议促进了沿线各国间的投资和消费，创造需求和就业，实现互利共赢，使区域内各国的经济都能够较好较快地发展。"一带一路"沿线各国贸易往来对涉外企业的会计制度提出了更高要求。为了有利于各国贸易往来，对海外业务进行有效的资源配置和监管，沿线各国的经营活动需要一套完善的、统一的国际化会计制度。

  国际会计准则是高质量的会计准则。目前，世界大多数国家的会计准则都向国际会计准则趋同。会计准则趋同对经济交流与合作起到重要作用，但是会计准则应用环境受到许多因素的影响，包括：国家的法律机构（如法治），执行制度的效力（如审计），资本市场力量（如对筹集外部资本的需求），企业的所有权、治理结构及其经营特点，产品市场竞争等。通过对"一带一路"沿线国家的会计准则研究，对比各国与国际会计准则的异同，了解不同国家具体准则，从而全面提升各国的会计信息质量，使投资者、债权人以及政府等利益相关者掌握会计信息的真实情况，促进各国之间经贸关系稳定地向前发展。更好地比较我国与其他各国会计准则中的差异，为我国企业境外投资提供建议和对策；研究会计准则趋同有助于企业财务报表中所披露的会计信息具有更高的对比价值，这也为上市公司财务信息的透明度提供更严格的标准。各国会计准则趋同也能提高财务报告的公认性、实务的可操作性与权威性及会计信息的有用性，避免出现因为会计准则规范不同引发的不良影响，从而使会计信息更加可靠、明晰、易懂，这对投资者在经济预算、投资评估、提出决策方面都有很大的帮助。实现会计准则国际趋同是一个过程，在这个过程中会使发展中国家的发展需求形成优势互补、相互促进，稳步实现各国会计准则向国际化趋同。

  研究"一带一路"沿线国家会计准则趋同能促进沿线各国会计准则趋同步伐，增加会计信息透明度，加快经济交流。进一步完善我国会计准则趋同策略，加快我国会计准则全面趋同步伐。能够促进"一带一路"沿线各国实现共商、共建、共享，促进各国间会计准则的协调与包容，有利于不同国家不同企业之间会计信息相互参考，提高信息透明度，加大境外投资力度。国际会计准则趋同能够提高国际贸易的效率，降低投资风险，实现互利共赢。更好地落实习近平总书记倡导的"一带一路"政治互信、经济融合伟大战略构想；能够深化我国与沿线国家的国际互利合作，提高我国国际贸易的效率，降低投资风险，节约交易成本，有助于中国会计走向国际化，更好地吸引外资进入中国，并提高与外资合作中的融洽度，促进各国之间经贸关系良好稳定地向前发展。

1.3 研究意义

会计是一门社会科学。会计的发展和演变离不开社会经济的历史环境背景，随经济的发展而发展。正如著名会计学家迈克尔·查特菲尔德在《会计思想史》所说："会计主要是应一定时期的商业需要而发展的，并与经济的发展密切相关"。2008年爆发的全球金融危机使各国意识到会计准则在经济中的重要作用。世界上发达国家逐渐完善国内会计准则，提高会计准则质量，增强会计信息的透明度，会计准则执行的国际标准对于稳定和发展全球金融体系及资本市场起到了至关重要作用。国际会计准则被公认为是目前质量最高的会计准则，世界上不同国家和地区会计准则逐渐将转换成为国际会计准则。国际会计准则会减少各国会计准则下报告的自由性，提高财务报告的质量。

"一带一路"倡议为沿线国家提供建设业务、技术产品和金融服务，推动沿线各国经济贸易共同发展、互利共赢。但随着"一带一路"倡议的逐步推进，我国的对外投资与国际贸易活动愈加频繁和复杂，中国会有更多的企业"走出去"。沿线国家之间贸易交往也日益频繁，为了保证贸易往来及涉外企业无障碍地融入当地的市场，更好地与当地政府与企业进行经贸交流，沿线各国的会计制度都采用一套规范的会计准则就显得尤为重要。目前国际会计准则被公认为是质量最高的会计准则，是经济交流最好的"国际商业通用语言"。

国际会计准则在制定过程中都会产生相应的经济后果，包括在制定中争取的提出意见的权力，各个国家或地区与国际会计准则趋同模式的选择和策略的采用。对各国与国际会计准则趋同问题进行探究，有助于我国在了解国际会计准则最新变化，更全面、更深入地参与国际会计准则的制定工作；通过研究国际会计准则趋同，可以提高中国企业境外贸易投资的综合实力。随着我国对外贸易的不断加强，国内一些企业纷纷走出中国，走向世界，将业务扩展到世界各地，积极开拓海外市场。更有一些拥有发展前景的大型公司在国际资本市场上进行资金筹集。国际会计准则的趋同能够消减贸易公司与国外一些国家进行交易和融资过程中的费用，降低公司编制财务报告的费用。制定一套与国际准则高度趋同的会计准则可以提高财务报表所披露的会计信息质量，增强企业的国际竞争力，提高企业招商引资的能力。

"一带一路"沿线国家会计准则向国际会计准则趋同，能够促进各国之间会计准则的协调与包容，便于不同国家、不同企业间会计信息相互参考、相互比较。会计国际趋同的最终目的是实现财务报告的可比性，从而提供给不同国家、地区的会计信息使用者。为了推进"一带一路"倡议的发展，提高我国国际贸易的效率，降低投资风险，节约交易成本，迫切需要沿线各国进行国际会计准则趋同。

研究"一带一路"沿线国家的会计准则国际趋同，分析中国会计准则与各国会计准则的差异，将有助于中国会计走向国际化，更好地与各国协调、交流，从而降低中国企业海外资本市场中的融资成本和交易成本，同时也能更好地吸引外资进入中国，并提高与外资合作中的融洽度。同时通过比较和分析，可以学习、借鉴各国会计准则中科学合理的成分，根据中国的国情加以学习参考，对进一步修订和完善中国的会计准则体系具有深远影响和重要意义。

1.4 研究思路、内容与方法

1.4.1 研究思路

第一，在了解"一带一路"倡议实施的内涵和研究国内外相关文献的基础上，研究发现各国会计准则还存在很大差异，这对于我国"一带一路"背景下经济交流与合作是不利的，会给经济交流带来障碍，应该理性地分析各国会计准则之间的差异。会计准则国际化是全球经济发展的必然趋势，研究沿线国家会计准则国际趋同的现状及趋势是非常必要的。

第二，对我国会计准则趋同情况及沿线65个国家会计准则现状进行梳理，了解国际会计准则的制定和发展历程。采用规范研究的方法分析"一带一路"沿线国家会计准则国际趋同的进程以及近期动态，可以探讨沿线国家在国际化活动中采取的策略。

第三，从会计准则结构体系、财务会计概念框架和具体会计准则几个方面对部分国家进行比较，以及与国际会计准则进行对比，尤其侧重对相关内容的差异比较，分析差异的原因。以便存同求异，兼顾本国国情，有效地进行财务信息上的交流。

第四，为了在"一带一路"倡议背景下沿线国家能够形成政治互信、经济融合、文化包容的共同体，具体分析会计准则国际趋同对各国经济的影响，建议沿线国家在兼顾本国利益的同时加快国际会计准则趋同的步伐。

本书的研究路径如图 1-1 所示。

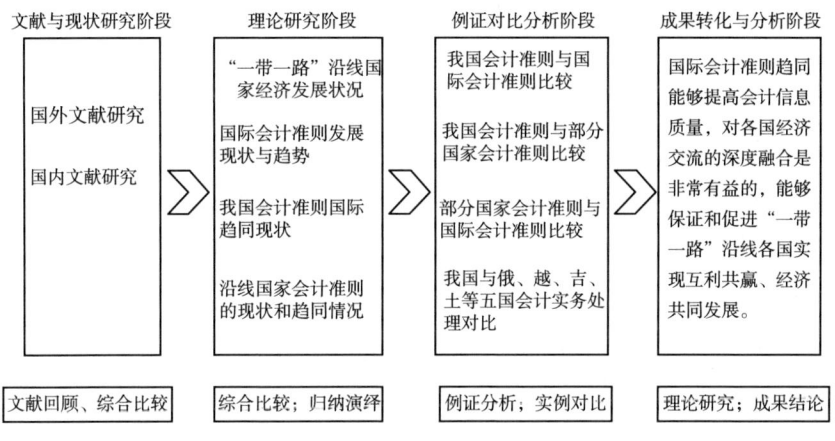

图 1-1 研究路径

1.4.2 主要内容

第 1 章为绪论。本部分主要阐述本书的研究背景、目的和意义，就国内外学者的相关研究进行综述，介绍写作的结构和整体研究思路。"一带一路"沿线各国不同的会计准则成为各国经济发展的障碍，制约中国与沿线有些国家的经济交流与合作，限制了国际资本的自由流动。为了保证沿线国家经济共同受益，执行适合各国和地区经济环境下的规范一致的国际会计准则是非常必要的，因此，研究沿线各国会计准则向国际会计准则趋同是非常重要的。

第 2 章介绍"一带一路"沿线国家经济及国际会计准则趋同现状。本章介绍"一带一路"沿线 65 个国家由于地理板块上的差异造成总体经济状况和经济发展特征的差异性。会计信息是反映经济状况和经营成果的载体，了解一个国家的会计准则，一定要了解这个国家的经济状况。"一带一路"沿线国家不同的经济发展水平影响着一个国家会计准则趋同的态势。最后介绍沿线国家会计准则制定机构及采用国际会计准则的具体情况。

第3章为国际会计准则。国际会计准则是全球公认的质量最好的会计准则。国际会计准则能够增加会计信息透明度，加快国家之间的经济交流，使会计信息更加可靠、明晰、易懂，这对投资者在经济预算、投资评估、提出决策方面都有很大的帮助。本章介绍国际会计准则内容、性质及其准则理论，国际会计准则对会计信息的影响，国际会计准则（IAS）与国际财务报告准则（IFRS）的区别，国际会计准则的发展趋势及应用前景。

第4章介绍我国会计准则的国际趋同。本章介绍了我国国际会计准则趋同情况，以及对我国会计准则与国际会计准则进行总体比较和具体准则的比较，两者的差异分析；对比我国会计准则与国际会计准则在体系上的差异、会计概念框架的差异以及分析我国会计准则与国际会计准则差异的影响因素。

第5章介绍沿线国家会计准则的国际趋同。沿线国家会计准则趋同的现状，会计准则不同的差异分析以及影响向国际会计准则趋同的因素。具体对中国、越南、俄罗斯、吉尔吉斯斯坦、土耳其五国会计准则与国际会计准则进行比较，对比会计准则实务处理和税制上的差异。详细介绍了印度尼西亚等10个国家的会计准则趋同的具体情况。为了保证沿线国家经济共同受益，实行和共用一套适于各国和地区经济环境下的规范一致的国际会计准则是非常必要的。

第6章分析国际会计准则对各国的影响及趋同策略。本章分析了国际会计准则趋同对沿线国家的影响以及国际会计准则趋同的经济后果。"一带一路"沿线65个国家大多是发展中国家，由于本国的政治、经济、文化上的不同，对国际会计准则趋同的模式也不尽相同，采用不同的趋同策略就显得尤为重要。因此，建议沿线国家会计准则国际趋同要保持谨慎的态度，兼顾本国国情，不同体制下的国家在保持本国会计准则特色的基础上加快向国际会计准则趋同，以达到共同繁荣的目的。

1.4.3　研究方法

（1）文献分析法。收集、鉴别、分析、整理关于国际会计准则和"一带一路"各国会计准则的相关文献，了解"一带一路"国家的制度、文化、法律及投资环境。通过对这些文献、书籍、政策学习和解读，获取理论知识和研究资料。

（2）比较分析法。对比分析我国会计准则与国际会计准则总体框架和具体准则，找出两者的差异。对中国、越南、俄罗斯、吉尔吉斯斯坦、土耳其五国关于会计准则方面的文献进行研究比较，分析五国在会计准则制定、要素、实务处理等方面的差异，以及五国与国际会计准则的相关比较。

1.5 创新及重点

1.5.1 创新点及不足之处

（1）创新点。

第一，本书对于"一带一路"沿线国家会计准则的内容研究及比较分析较为具体。目前对于65个国家会计准则趋同问题的研究较少，本书能够补充这部分研究内容。

第二，本书的研究是基于"一带一路"倡议背景下具有针对性的研究，丰富了前人基于不同视角下的研究结论。以"一带一路"倡议为契机，我国可以借鉴周边国家的会计准则不断完善中国特色的会计准则，取长补短，增强我国会计准则的公信力，为在"一带一路"经济交往中占有优势地位发挥作用。

（2）不足之处。

由于本人的能力和时间以及研究条件的限制，对"一带一路"沿线具体国家的会计准则的内容了解还不全面，不能有针对性地进行对比和分析。这是本书欠缺部分，还需要以后进一步研究。

1.5.2 重点和难点

（1）重点。全面了解65个国家会计准则具体内容及影响国际会计准则趋同因素，帮助我国企业在"一带一路"沿线国家更好地进行国际交流；分析国际会计准则趋同对各国会计准则会计信息的影响及产生的经济后果。

（2）难点。对于一些经济落后、对外开放程度闭塞国家的会计准则还不能深入全面了解，在选取样本上不能获取准确数据。本书为了克服这个难题，决定通过问卷、访谈境外的专家学者等方式获取相关资料。

1.6 研究贡献

1.6.1 理论价值

"一带一路"倡议是党中央、国务院根据国际形势、统筹国内国际做出的重大决策。"一带一路"倡议的实施对我国经济和周边国家影响意义深远。"一带一路"倡议横跨三大洲65个国家，有俄语、希腊语、尼泊尔语、波兰语、菲律宾语等50多种官方语言。在丰富多样的官方语言和各有特色的会计准则下产生的不同的财务信息大大影响了各国投资双方的贸易收益。不同的会计准则已经成为"一带一路"经济发展的障碍，制约了中国与沿线部分国家的经济交流与合作。为了使"一带一路"沿线各国经济共通互融，利益共享，迫切需要各国会计准则向国际会计准则趋同，使会计真正成为通用的商业语言。

研究"一带一路"沿线国家会计准则国际趋同可以对我国会计准则与其他经济交往国家会计准则进行比较，对于我国会计准则体系构建、发展和完善起到借鉴作用；研究我国会计准则与各国会计准则有助于在实务处理上中明确异同。会计的相关实务、会计具体的处理方法、会计报表的编制、提供经济决策参考的会计信息都是在会计准则的指导和规范下进行的。从实务差异上进行分析，能够更好地了解各国会计准则，对外投资企业按不同准则所编制会计报表的存在的差异也有一定改进。会计准则是会计实务工作的规范和指南，将我国会计准则与各国会计准则的趋同进行分析，差异进行比较，从而观察其对会计信息的影响，使财务报告的使用者在经济决策时充分了解和考虑不同的会计准则，对投资者的决策及中国宏观经济决策具有积极作用。

研究沿线各国国际会计准则趋同，可以为我国企业境外投资提供建议和对策，进一步完善我国会计准则趋同策略。研究"一带一路"65个国家国际会计准则趋同，能够进一步探讨和补充国际会计准则世界范围趋同的内容。

1.6.2 实际应用价值

习近平总书记倡导的"一带一路"倡议遵循"共商、共建、共享"的原则，为了实现这一原则达到沿线各国经济的共同繁荣，实行和共用一套适于沿线各国和地区经济环境下规范一致的国际会计准则是非常必要的，这对"一带一路"沿线国家经济共同受益会起到积极的促进作用，真正达到"一带一路"沿线国家"政治互信、经济互融、人文互通"。对促进沿线国家经济融合实现互利共赢具有重要作用，对保证"一带一路"倡议规划的顺利进行具有重要意义。便于不同国家不同企业间会计信息相互参考、相互比较。提高财务信息透明度能更好地吸引外来投资，降低资本成本，促进世界范围的经济交流。也能够使会计信息更加可靠、明晰、易懂，对投资者在经济预算、投资评估、提出决策方面都有很大的帮助。同时，对提高我国国际贸易的效率、降低投资风险、节约交易成本起到很大帮助作用，为我们国家、地方政府、企业提供投资国的会计政策与财务信息，促进更好的经济交流与合作。

第 2 章 "一带一路"沿线国家的经济和会计准则

2.1 "一带一路"沿线的国家

"一带一路"是指"丝绸之路经济带"和"21世纪海上丝绸之路",是中国与其他国家借助既有的行之有效的区域合作平台,起始于中国,贯穿东南亚、南亚、中亚、西亚、非洲乃至欧洲部分区域,将会成为世界上最长的经济大走廊。"一带一路"沿线共有 65 个国家,涵盖了东北亚、中亚、东南亚、南亚、西亚北非、中东欧等世界大部分地区。按照地理位置划分,"一带一路"沿线 65 个国家如表 2-1 所示。

表 2-1 "一带一路"沿线国家按照地理位置划分统计

序号	地区	国家名	国家数量
1		中国	1
2	东北亚	蒙古国、俄罗斯	2
3	中亚	哈萨克斯坦、乌兹别克斯坦、土库曼斯坦、塔吉克斯坦、吉尔吉斯斯坦	5
4	东南亚	新加坡、马来西亚、印度尼西亚、缅甸、泰国、老挝、柬埔寨、越南、文莱、菲律宾、东帝汶	11
5	南亚	印度、巴基斯坦、孟加拉国、斯里兰卡、马尔代夫、尼泊尔、不丹	7
7	西亚北非	伊朗、伊拉克、阿富汗、土耳其、叙利亚、约旦、黎巴嫩、以色列、巴勒斯坦、沙特阿拉伯、也门、阿曼、阿联酋、卡塔尔、科威特、巴林、阿塞拜疆、亚美尼亚、格鲁吉亚、埃及	20
8	中东欧	乌克兰、白俄罗斯、波兰、立陶宛、爱沙尼亚、拉脱维亚、捷克、斯洛伐克、匈牙利、斯洛文尼亚、克罗地亚、波黑、黑山、塞尔维亚、阿尔巴尼亚、罗马尼亚、保加利亚、马其顿、摩尔多瓦	19

资料来源:中国一带一路网,https://www.yidaiyilu.gov.cn。

2.2 沿线国家总体经济状况

"一带一路"沿线国家包括中国在内，面积占全球的38%，总人口约46亿，超过世界人口60%。GDP总量达20万亿美元，约占全球的1/3。65个国家2013～2015年平均GDP增速为3.5%，略高于世界平均增速（2.5%）。按照世界银行以人均国民生产总值为标准的划分，"一带一路"沿线国家绝大多数为中等收入国家，低收入国家有25个，18个国家跻身发达国家行列，如表2-2所示。

表2-2　　"一带一路"沿线国家基本经济情况表（2014年）

	国家	收入水平	名义GDP（亿美元）	人均GDP（亿美元）	通货膨胀率（%）	失业率（%）
1	新加坡	高收入	3063	56007	1.0	3
2	文莱	高收入	171	40980	-0.2	3.8
3	卡塔尔	高收入	2101	96733	3.1	0.3
4	阿联酋	高收入	3995	43963	3.1	3.6
5	科威特	高收入	1636	43594	2.9	3
6	以色列	高收入	3057	37206	0.5	6.1
7	巴林	高收入	339	24855	2.7	3.9
8	沙特阿拉伯	高收入	7538	24406	2.7	5.6
9	阿曼	高收入	818	19310	1.0	7.2
10	斯洛文尼亚	高收入	495	24002	0.2	9.5
11	爱沙尼亚	高收入	265	20148	-0.1	7.7
12	捷克	高收入	2053	19502	0.3	6.2
13	斯洛伐克	高收入	1003	18501	-0.1	13.3
14	立陶宛	高收入	484	16490	0.1	11.3
15	拉脱维亚	高收入	313	15692	0.6	10
16	波兰	高收入	5450	14337	0.1	9.2
17	匈牙利	高收入	1383	14022	-0.2	7.8
18	克罗地亚	高收入	571	13481	-0.2	16.7

续表

	国家	收入水平	名义GDP（亿美元）	人均GDP（亿美元）	通货膨胀率（%）	失业率（%）
19	中国	中高收入	103511	7587	2.0	4.7
20	俄罗斯	中高收入	20310	13902	7.8	5.1
21	哈萨克斯坦	中高收入	2274	13155	6.7	4.1
22	土库曼斯坦	中高收入	435	8194		10.5
23	土耳其	中高收入	7988	10304	8.9	9.2
24	黎巴嫩	中高收入	457	8149	0.7	6.4
25	阿塞拜疆	中高收入	752	7886	1.4	5.2
26	伊拉克	中高收入	2235	6336	2.2	16.4
27	伊朗	中高收入	4253	5443	17.2	12.8
28	约旦	中高收入	358	4831	2.9	11.1
29	格鲁吉亚	中高收入	165	4430	3.1	13.4
30	罗马尼亚	中高收入	1993	10012	1.1	7
31	白俄罗斯	中高收入	761	8025	18.1	5.9
32	保加利亚	中高收入	567	7851	-1.4	11.6
33	黑山	中高收入	46	7378	-0.7	19.1
34	塞尔维亚	中高收入	442	6200	2.1	22.2
35	马其顿	中高收入	113	5453	-0.3	27.9
36	波黑	中高收入	185	4852		27.9
37	阿尔巴尼亚	中高收入	133	4589	1.6	16.1
38	马来西亚	中高收入	3381	11307	3.1	2
39	泰国	中高收入	4043	5970	1.9	0.9
40	马尔代夫	中高收入	31	7641	2.1	11.6
41	亚美尼亚	中低收入	116	3874	3.0	17.1
42	埃及	中低收入	3015	3366	10.1	13.2
43	巴勒斯坦	中低收入	127	2961		26.2
44	也门	中低收入	403	1538	11.4	17.4
45	叙利亚	中低收入			36.7	10.8
46	蒙古国	中低收入	122	4202	13.0	4.8
47	乌兹别克斯坦	中低收入	631	2053	6.1	10.6
48	吉尔吉斯斯坦	中低收入	75	1280	7.5	8.1
49	塔吉克斯坦	中低收入	92	1113	6.1	10.9

续表

	国家	收入水平	名义GDP（亿美元）	人均GDP（亿美元）	通货膨胀率（%）	失业率（%）
50	乌克兰	中低收入	1318	3065	12.2	7.7
51	摩尔多瓦	中低收入	80	2245	5.1	3.4
52	印度尼西亚	中低收入	8905	3500	6.4	6.2
53	菲律宾	中低收入	2848	2873	4.1	7.1
54	越南	中低收入	1862	2052	4.1	2.3
55	老挝	中低收入	117	1751	4.1	1.4
56	缅甸	中低收入	643	1204	5.5	3.3
57	东帝汶	中低收入	14	1131	0.4	4.7
58	柬埔寨	中低收入	168	1095	3.9	0.4
59	斯里兰卡	中低收入	800	3853	3.3	4.6
60	不丹	中低收入	20	2561	8.2	2.8
61	印度	中低收入	20424	1577	6.4	3.6
62	巴基斯坦	中低收入	2434	1315	7.2	5.2
63	孟加拉国	中低收入	1729	1087	7.0	4.3
64	尼泊尔	低收入	198	702	8.4	2.7
65	阿富汗	低收入	201	634	4.6	9.1

资料来源：北京师范大学新兴市场研究院的"一带一路"研究课题组研究结果。

在表2-1中，我们将65个沿线国家按照地理板块的差异分别划分为东北亚、中亚、东南亚、南亚、西亚北非、中东欧六个区域，地理板块的差异与经济发展模式有密切相关。2014年"一带一路"沿线国家中57个主要国家中有35个国家的人口总数达到39.5亿人，占全球的55.33%，但是GDP仅占全球的20%，人均GDP为3862美元，人均GDP水平低于世界平均水平10500美元。能源丰富的西亚国家人均GDP远超高收入国家的基准线。特别是一些能源贫瘠或政治动荡的国家，如尼泊尔、阿富汗等国2014年的人均GDP水平仅在700美元左右，属于极为贫穷的国家。除了俄罗斯和印度两个特殊的发展中大国外，其他各国的经济体量均低于1万亿美元，发展模式也比较单一。

一般来说，能源丰富且政治环境稳定的国家均比较富裕，而资源贫乏或政治动荡的国家则相对落后和贫穷，经济状况有显著退步的国家可归为两类，第一类是能源依赖型国家如科威特、俄罗斯、文莱等；第二类则是政治动荡不安、经常遭遇局部或全国性恐怖主义袭击或战争的国家如伊拉克、巴勒斯坦、阿富汗等。沿线国家经济增长情况如表2-3所示。

表2-3 "一带一路"沿线国家经济增长情况表

高速增长 (>7%)国家	中速增长 (4%~7%)国家	低速增长（0<4%）国家	负增长国家
中国	马来西亚	新加坡	阿塞拜疆	俄罗斯
蒙古国	印度尼西亚	泰国	亚美尼亚	文莱
缅甸	越南	阿富汗	波兰	科威特
柬埔寨	菲律宾	不丹	捷克	叙利亚
老挝	东帝汶	沙特阿拉伯	斯洛伐克	白俄罗斯
印度	尼泊尔	阿曼	匈牙利	乌克兰
土库曼斯坦	马尔代夫	以色列	拉脱维亚	
乌兹别克斯坦	巴基斯坦	伊朗	立陶宛	
	孟加拉	土耳其	斯洛文尼亚	
	斯里兰卡	伊拉克	爱沙尼亚	
	阿联酋	约旦	克罗地亚	
	卡塔尔	黎巴嫩	罗马尼亚	
	巴林	埃及	保加利亚	
	摩尔多瓦	也门	阿尔巴尼亚	
	吉尔吉斯斯坦	巴勒斯坦	塞尔维亚	
	塔吉克斯坦	格鲁吉亚	马其顿	
		哈萨克斯坦	波黑	
		黑山		

资料来源：北京师范大学新兴市场研究院的"一带一路"研究课题组研究结果。

  沿线国家即使是高收入国家，其经济发展也主要依赖能源出口，产业结构并不利于可持续发展。在"一带一路"沿线国家中，高收入国家人口约3亿，约占6.9%；中等收入国家人口约14亿，约占31.2%；中等偏下收入国家人口约24亿，约占55.2%；低收入国家人口约3亿，约占6.7%。

  2015年我国同"一带一路"沿线国家进出口贸易总额近1万亿美元，我国在沿线国家中的49个国家有投资，共计150亿美元，同比增长18%。"一带一路"正在形成除大西洋贸易轴心和太平洋贸易轴心之外新的以亚欧为核心的全球第三大贸易轴心。全面细致地掌握"一带一路"沿线国家总体经济状况、会计准则，才能更好地促进我国与沿线国家的良好合作。

2.3 沿线国家经济发展特征

"一带一路"沿线国家资源、地理条件和政治制度决定了它们完全不同的经济发展模式。高收入国家可划为三类：第一类是能源丰富的国家，如沙特阿拉伯、文莱；第二类是装备制造业发达的传统工业化国家，如波兰、捷克、匈牙利等东欧国家；第三类是高度开放、注重技术创新和国际型人才培养的国家，如新加坡。反观陷入贫穷的低收入和中低入国家，要么资源贫瘠，要么对外开放程度极低，由于缺乏对外经济往来而陷入低收入、低增长的"陷阱"。

2.3.1 能源储备

较高的能源储备是部分国家迅速致富的基础，因此，全球能源分布的差异便决定了"一带一路"沿线国家的经济发展水平具有一定的地域特征。"一带一路"沿线65个国家的经济指标排名总体比较稳定，但也不乏一些特例。图2-1展示了"一带一路"沿线国家2011年与2014年经济指标排名，虚线右上角的区域表示相对三年前该国的经济指标的相对排名有所进步，而落入虚线左下角区域的散点则代表排名有所退步的国家。

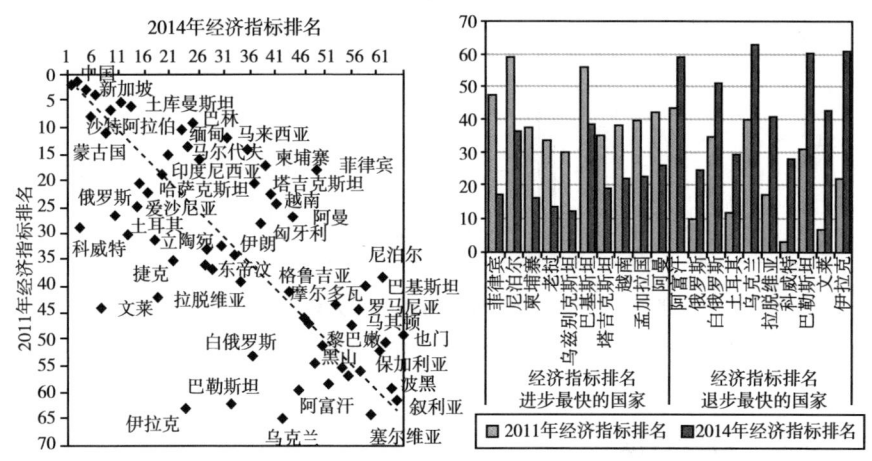

图2-1 "一带一路"沿线国家经济排名

资料来源：世界银行WDI数据库，北京师范大学新兴市场研究所测算。

图2-2将"一带一路"沿线65个国家分为六个区域以便观测不同区域国家的能源储备差异。西亚、北非地区的国家平均来说能源储备远高于中东欧、南亚等区域。西亚、北非地区内各国的经济发展状况、经济发展水平与能源储备呈显著正相关。人均化石能源位列前三的卡塔尔、科威特以及阿联酋均跻身高收入国家行列,而缺乏化石能源的埃及、也门和叙利亚纷纷陷入贫穷。东南亚地区的平均能源储备相对较低,仅有文莱情况特殊。2014年文莱的人均化石能源高达40.37吨,与科威特相近,而文莱通过大量的能源出口赢得大量外汇收入且成为全球最富裕的国家之一。2014年文莱的人均GDP高达4.1万美元,成为东南亚地区除新加坡之外,唯一跻身于高收入国家行列的国家。在"一带一路"沿线65个国家之中,人均GDP排名最高的国家分别为卡塔尔、新加坡、阿联酋、科威特以及文莱,除了新加坡之外,其他几个国家的发展均与丰富的能源储备密不可分。

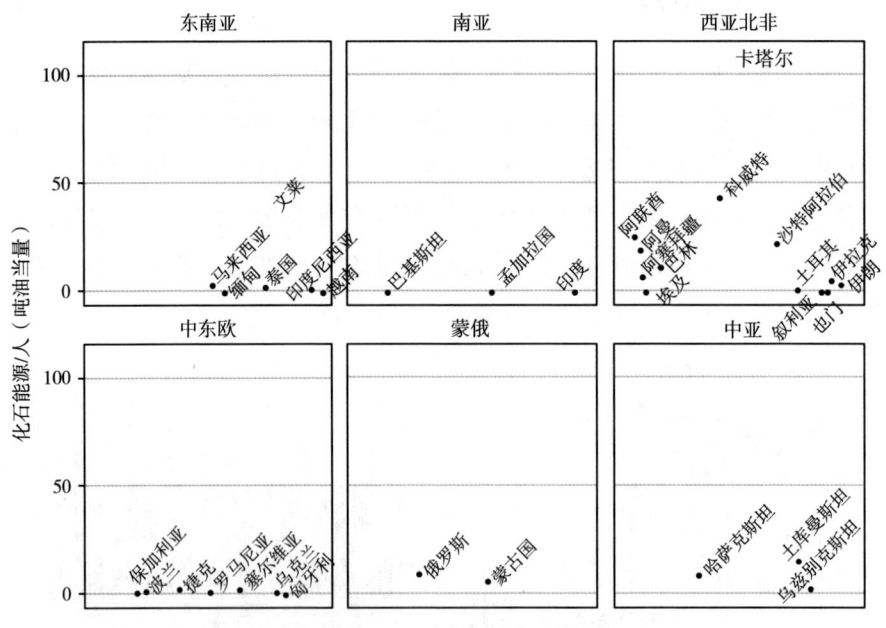

图2-2 "一带一路"沿线国家人均化石能源

资料来源:世界银行WDI数据库,北京师范大学新兴市场研究所测算。

2.3.2 对外开放

丰富的资源是国家实现经济发展的基础,但这并不是经济发展的必要条件。在资源禀赋缺乏的情况下，要想实现经济的腾飞则更需要开放国际市场。利用本国优势，开拓对外贸易力度，引进国外的先进技术，推动国内的技术创新。在"一带一路"沿线国家中，高收入国家对外开放程度往往较高。以贸易（进出口总额）占 GDP 的权重来衡量一国的对外开放程度，图 2-3 展示（不含新加坡、卡塔尔两个特殊国家）各国在 2014 年的人均 GDP 和对外开放程度

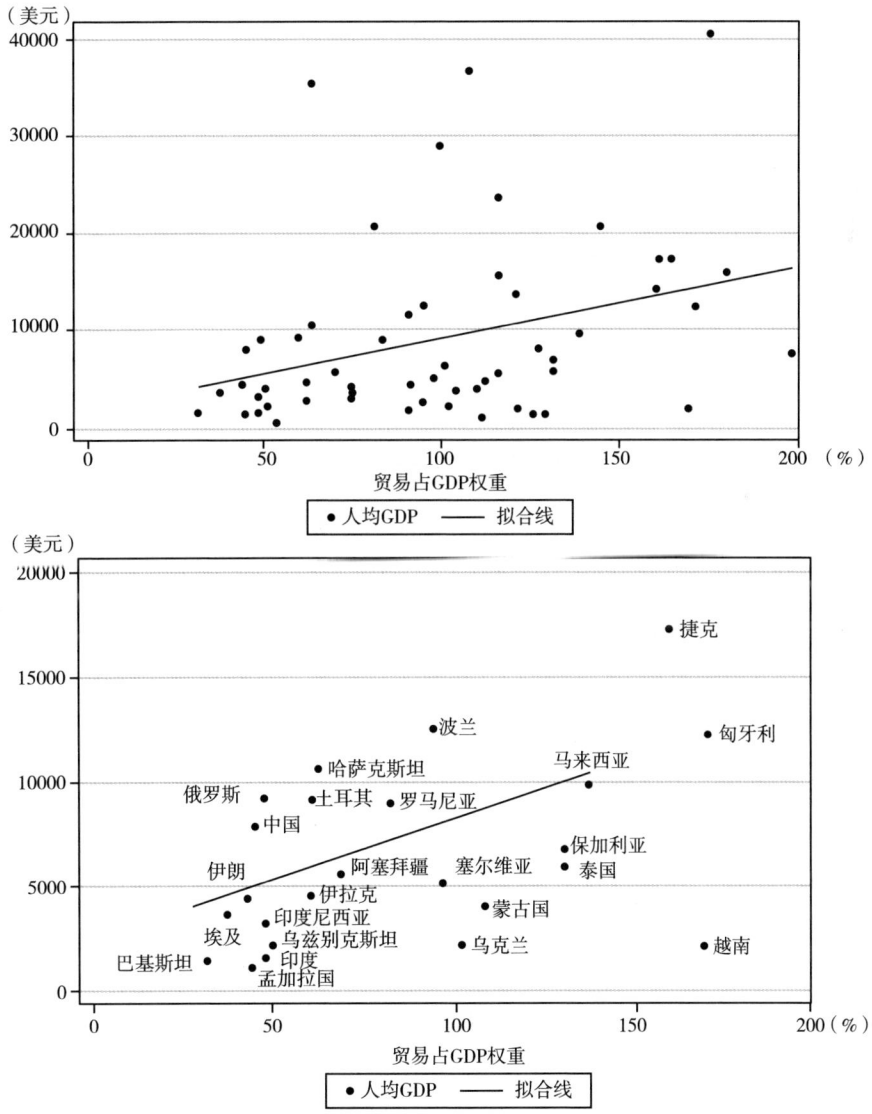

图 2-3 "一带一路"沿线国家贸易占比和人均 GDP 的相关性

资料来源：世界银行 WDI 数据库，北京师范大学新兴市场研究所测算。

之间的相关性。"一带一路"国家的发达程度与开放度是呈显著正相关的。图2-4为"一带一路"沿线国家人均GDP与贸易占GDP权重及其与对发达国家出口占总出口权重之间的相关性。在丰富资源缺乏的情况下，各国的开放程度与人均GDP有很强的相关性，开放程度越高的国家经济水平就越为发达。

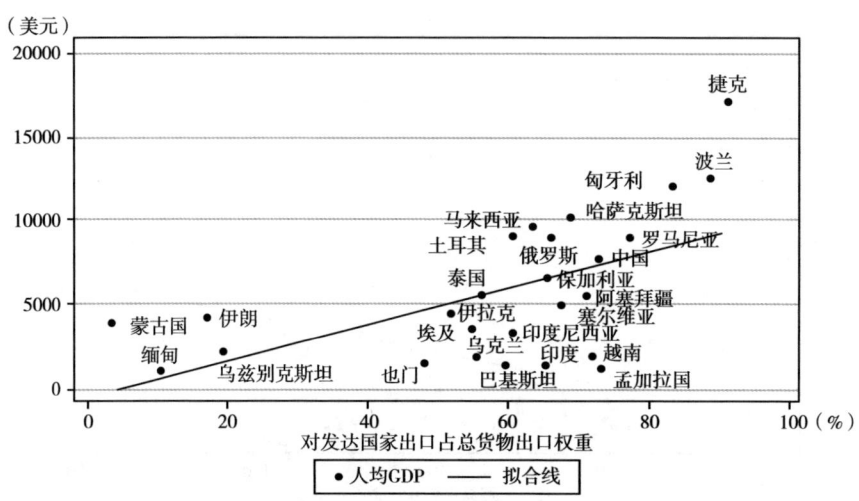

图2-4 对发达国际贸易和人均GDP的相关性

资料来源：世界银行WDI数据库，北京师范大学新兴市场研究所测算。

"一带一路"沿线国家应以本国优势发展经济。"一带一路"沿线国家要想经济发展必须对外开放，通过对外贸易，特别是与发达国家之间的贸易，例如，新加坡通过零关税和引进外资，其贸易得到快速发展，大量的外国投资直接和间接地创造了大量的就业机会，从而提升了居民可支配收入和社会福利，促进了经济发展的良性循环（见图2-5和图2-6）。

一批中东欧国家在对外开放上也充分利用了国际市场提升国内的经济效益。如匈牙利、爱沙尼亚、捷克等中东欧国家借助毗邻俄罗斯与西欧的独特地理优势，鼓励出口并致力于发展其具有比较优势的汽车工业、装备制造业、机械设备等。2014年这些中东欧国家的贸易总额占GDP的比重均超过150%，其中对发达国家的出口占GDP的比重高达90%左右。在与欧盟发达国家的贸易中，中东欧各国积极地发展自身优势的行业，促进了技术外溢，使各国生产力均得到快速提高。

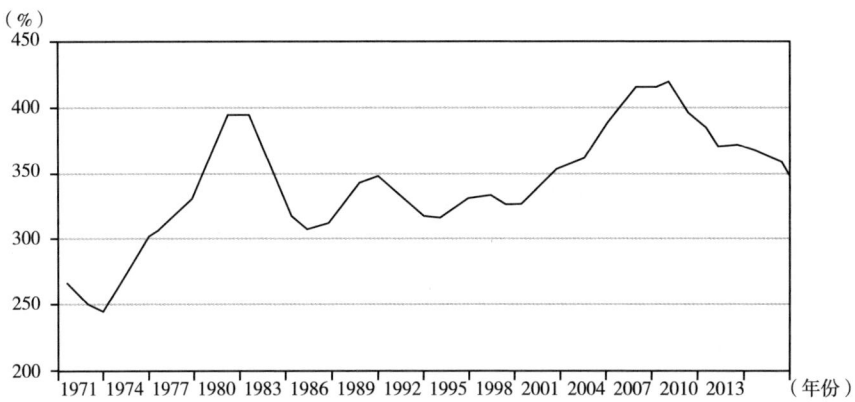

图 2-5 新加坡贸易占 GDP 权重（三年移动平均）

资料来源：世界银行 WDI 数据库，北京师范大学新兴市场研究所测算。

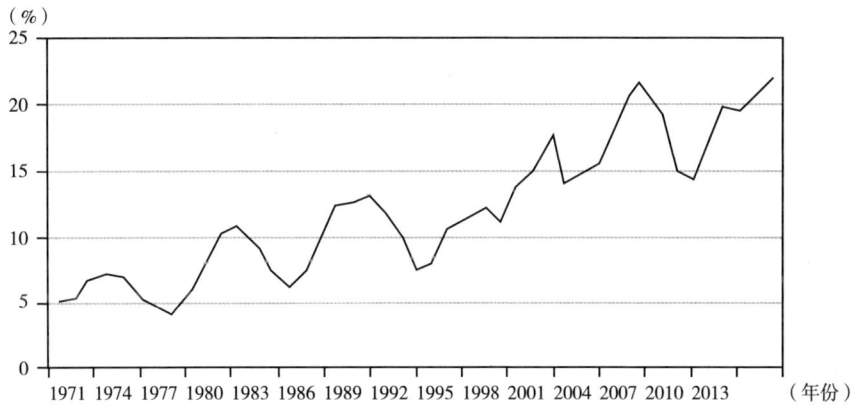

图 2-6 新加坡直接国外投资占 GDP 权重（三年移动平均）

资料来源：世界银行 WDI 数据库，北京师范大学新兴市场研究所测算。

2.3.3 储蓄和投资

"一带一路"沿线国家大多数为中等收入水平的发展中国家，对于发展中国家来说，储蓄和投资是经济发展的一个重要驱动力。"一带一路"沿线国家的国民储蓄率参差不齐，这与人均收入水平呈显著的正相关性，而国民储蓄率的高低也对各国经济增速有显著的影响。

在 65 个国家中国民储蓄率最高的几个国家，几乎均为高收入或中高收入国家，特别是石油资源丰富的国家。例如，2014 年卡塔尔的国民储蓄率高达

71.7%，为"一带一路"沿线国家中最高水平，同样是石油资源丰富的高收入国家，文莱、科威特、阿联酋、阿曼、沙特阿拉伯等国的国民储蓄率均高于40%。除中国外，国民储蓄率排名前十的国家中只有新加坡一个国家的发展模式不依赖于石油。新加坡的国民储蓄率高达53.4%，较高的国民储蓄得以转化成高投资，并支撑国内经济的健康发展。储蓄率较低的国家，大多为经济发展水平较低的发展中国家，如阿富汗、塔吉克斯坦、吉尔吉斯斯坦等，这些国家的国民储蓄率均为负值，说明国内的居民消费高于生产总值，可用于生产资料积累的国内投融资更是相对紧缺。由表2-4可见，阿富汗、塔吉克斯坦、吉尔吉斯斯坦、波黑的国民储蓄率为负值，在经济发展的初期，缺少了生产型资本的积累，这些国家很难步入经济高速发展的轨道。对经济水平较为落后的发展中国家来说，国民储蓄率越高，越会有充足的资本可转化为投资，对经济快速的增长是具有促进作用的。

表2-4 "一带一路"沿线部分国家储蓄率、投资率、实际利率对比（2014） 单位:%

	国家	国民储蓄率	投资率	实际比率
国民储蓄率最高的国家	中国	48.9	46.1	4.7
	卡塔尔	71.7	34.1	5.1
	文莱	62.6	27.3	-4.2
	新加坡	53.4	28.9	5.3
国民储蓄率最低的国家	阿富汗	-21.4	18.2	14.7
	塔吉克斯坦	-30.1	17.1	19.2
	吉尔吉斯斯坦	-13.4	36.8	12.9
	波黑	-4.6	18.4	5.6

注：塔吉克斯坦2014年的储蓄率数据缺失，因此取2013年数据作为替代。
资料来源：世界银行WDI数据库，北京师范大学新兴市场研究院测算。

2.3.4 教育和人力资本投资

无论是发展中国家还是发达国家，教育和人力资本投资都是经济增长不可忽略的驱动力。收入水平越高的国家，国民的受教育文化水平也越高，"一带一路"国家中高收入和中高收入国家的识字率均接近100%，而经济水平落后的阿富汗和尼泊尔的识字率仅分别为38.2%和64.7%。2014年"一带一路"沿线国家中高收入国家的大学毛入学率大多高于50%，中高收入国家中大学毛入学率超过50%，中低收入国家中（除了蒙古国和乌克兰）大学毛入学率均低于50%，低收入国家阿富汗和尼泊尔的大学入学率仅为8.7%和15.8%。自2000年以来，中国的大学教育得到了充分的普及，而大学毛入学率也按照年均12.8%的增速迅速提升。印度作为一个发展中大国，不管是识字率还是大学毛入学率均处于较低的水平。截至2015年，印度的识字率仅为72.2%，2013年印度国民的大学毛入学率仅为23.9%。国民平均受教育水平偏低、劳动力素质不高使印度经济的发展向信息技术、金融等精英主导的行业倾斜，在全球市场中劳动力成本低廉的比较优势不能充分发挥，这也成为印度经济实现全面赶超式发展的阻碍。

2.4 沿线国家的经济结构

2.4.1 沿线各国经济中农业、制造业和服务业的构成

各国经济发展水平和资源禀赋的差异，"一带一路"沿线各国经济中农业、制造业和服务业所占比重差异很大。经济水平越发达的国家和地区，农业占GDP的比重越低。阿富汗和尼泊尔两个低收入国家的农业占GDP比重分别高达23.5%、33.7%；中低收入国家经济中的农业占比差异较大，柬埔寨、老挝、巴基斯坦等国的农业占比均超过25%，而巴勒斯坦、斯里兰卡等国的农业占比仅为不到10%。耕地面积比重越高的国家一般来说具有越高的农业占比，然而对于经济发展水平很低且缺乏能源、资源禀赋的老挝、柬埔寨、尼泊尔等国家，尽管其耕地面积占比并不高，这些国家却不得不依赖低端的农业作为支柱型行业；除此之外也有一些国家，如沙特阿拉伯、哈萨克斯坦等国，虽然耕地面积比重很高，但由于具备石油、天然气、矿产资源等其他重要的资源禀赋，这些国家的农业增加值占比仅低于5%，支柱行业则更多地向采掘业、制造业等相关行业倾斜。与农业占比不同的是，制造业和服务业占GDP比重与经济发展水平并无显著关联，但制造业、服务业比重的差异则反映了各个国家不同的发展模式。表2-5列举了在"一带一路"沿线65个国家中制造业和服务业占比排名前五名和后五名的国家。中国作为"世界工厂"，制造业增加值占GDP比重高达30.1%，

泰国的产业结构与中国有相似之处；捷克、白俄罗斯、匈牙利等传统工业强国，则以装备制造业、机械设备等行业为支柱产业。在制造业占比排名末位的几个国家中，科威特、阿塞拜疆的石油资源丰富，因此以采掘业为支柱产业，服务业占比同样也居末位；马尔代夫、黑山的工业基础薄弱，主要依赖服务业支撑经济的增长，事实上，马尔代夫和黑山的服务业占GDP的比重分别高达77.1%和72.3%。服务业占比较高的国家可总结归纳为两大类，第一类是制造型和生产型服务业发达的现代化国家，以新加坡为代表；第二类是工业基础薄弱且不得不依赖于旅游业的发展中小国，以马尔代夫、黑山为代表。

表2-5　　　　"一带一路"沿线部分国家制造业和服务业占GDP的比重（2014）　　　　单位：%

	国家	制造业占GDP的比重	国家	服务业占GDP的比重
"一带一路"沿线国家对应指标最高的国家	中国	30.1	马尔代夫	77.1
	泰国	27.8	新加坡	75.0
	捷克	26.6	拉脱维亚	73.4
	白俄罗斯	25.2	黑山	72.3
	匈牙利	23.5	巴勒斯坦	72.2
"一带一路"沿线国家对应指标最低的国家	阿尔巴尼亚	5.5	不丹	39.4
	科威特	5.4	越南	39.0
	阿塞拜疆	5.2	阿塞拜疆	36.0
	马尔代夫	5.0	科威特	35.3
	黑山	4.8	卡塔尔	32.0

资料来源：世界银行WDI数据库。

2.4.2 沿线各国经济中投资和消费的构成

投资和消费在"一带一路"沿线各国经济总量中所占份额差异较大。如表2-6所示，2014年，在65个沿线国家中，投资占比最高是不丹，达到57.7%；投资占比最低是埃及，为13.8%。中国2014年投资占GDP比重也高达46.2%。东帝汶、吉尔吉斯斯坦的投资和消费占GDP比重均排在65个国家的前列，其中东帝汶的最终消费支出占GDP比重高达149%，而科威特的投资和消费支出占比均相对较低，分别为15.8%和47.6%，是"一带一路"沿线各国的投资也是 GDP 增长的一个不可忽视的因素。

表 2-6 "一带一路"沿线部分国家投资及消费占 GDP 的比重（2014） 单位:%

	国家	经济增长	投资/GDP	国家	收入水平	最终消费支出/GDP
"一带一路"沿线国家对应指标最高的国家	不丹	低速	57.7	东帝汶	中低收入	149
	东帝汶	中速	48.8	阿富汗	低收入	121.4
	中国	高速	46.2	巴勒斯坦	中低收入	120.6
	尼泊尔	中速	36.8	吉尔吉斯斯坦	中低收入	113.5
	吉尔吉斯斯坦	中速	36.8	摩尔多瓦	中低收入	110.9
"一带一路"沿线国家对应指标最低的国家	巴林	中速	16.3	中国	中高收入	51.1
	科威特	负增长	15.8	科威特	高收入	47.6
	巴基斯坦	中速	15	新加坡	高收入	46.6
	乌克兰	负增长	14.1	文莱	高收入	37.4
	埃及	低速	13.8	卡塔尔	高收入	28.3

资料来源：世界银行 WDI 数据库。

"一带一路"沿线 65 个国家中最终消费支出占比最高的国家均为中低收入或低收入国家，而最终消费支出占比最低的国家均为中高收入或高收入国家。

2.4.3 沿线各国对外贸易的构成

"一带一路"沿线各国经济的贸易依存度差距较大，对外依存度最高的新加坡出口占 GDP 比重高达 192.1%，而最低的东帝汶出口占比只有 6.5%。对外开放是现代经济发展的一个重要驱动力，从表 2-7 可见，"一带一路"沿线国家中出口占比最高的国家大多为高收入或中高收入国家（越南除外），在国际贸易中经济发展受益很大。尽管越南目前经济发展水平不高，但在全球增长低迷、贸易收缩的情况下，经济增速仍能保证 6% 以上和出口贸易增速 10% 以上，这对于推动国内制造业发展是非常有益的。而出口占比较低的国家，大多为中低收入或低收入国家，闭塞的经济环境限制了经济的发展。"一带一路"沿线各国资源禀赋各异、比较优势也各不相同，这决定了各国具有差异化的出口产品结构。从表 2-8 可见，科威特、文莱、沙特阿拉伯等能源丰富的国家石油出口占总出口的 80% 以上，而约旦、马尔代夫、尼泊尔、柬埔寨等国家因石油资源贫乏，石油出口占比几乎为零。不同的资源造成了不同国家石油出口比重各不相同。各国工业化程度的不同也造成了各国制造业出口占比存在显著的差别。如表2-9所示,制造业出口占比较高的国家往往具有较高的工业化水平,如捷克、斯洛伐克、匈牙利等,这些中东欧国家具备较为发达的工业化体系和成熟的行业架构。例如,捷克有着悠久的工业化历史,汽车、电信设备、交通工具、机械产品等发展都较为成熟。捷克的汽车工业增加值占GDP的4%,捷克有世界上历史最悠久的四家汽车生产商之一的汽车公司,产品销往全球,凭借成熟的工艺水平和优秀的品牌形象在欧洲尤其受欢迎。

表2-7 "一带一路"沿线部分国家货物和服务出口占GDP的比重(2014) 单位:%

	国家	收入水平	出口/GDP		国家	收入水平	出口/GDP
出口占比最高的国家	新加坡	高收入	192.1	出口占比最低的国家	斯里兰卡	中低收入	20.9
	马尔代夫	中高收入	108.7		孟加拉国	中低收入	19
	阿联酋	高收入	98		巴勒斯坦	中低收入	17.1
	斯洛伐克	高收入	91.9		埃及	中低收入	14.4
	匈牙利	高收入	89.3		巴基斯坦	中低收入	12.3
	越南	中低收入	86.4		尼泊尔	低收入	11.6
	爱沙尼亚	高收入	83.9		阿富汗	低收入	6.6
	捷克	高收入	83.8		东帝汶	中低收入	6.5

资料来源:世界银行WDI数据库。

表2-8 "一带一路"沿线部分国家石油出口占总货物出口比重(2014) 单位:%

	国家	收入水平	石油出口/总货物出口		国家	收入水平	石油出口/总货物出口
石油出口占比最高的国家	科威特	高收入	95.2	石油出口占比最低的国家	中国	中高收入	1.5
	阿塞拜疆	中高收入	92.6		以色列	高收入	1.1
	文莱	高收入	92.5		黎巴嫩	中高收入	1.1
	卡塔尔	高收入	87.8		摩尔多瓦	中低收入	0.3
	沙特阿拉伯	高收入	84.9		约旦	中高收入	0.2
	阿曼	高收入	83.5		马尔代夫	中高收入	0.1
	哈萨克斯坦	中高收入	76.6		尼泊尔	低收入	0
	也门	中高收入	70.3		柬埔寨	中低收入	0

资料来源:世界银行WDI数据库。

表 2-9　　"一带一路"部分国家制造业出口占总货物
出口的比重（2014）　　　　　　　　　　　单位:%

	国家	收入水平	制造业出口/总货物出口		国家	收入水平	制造业出口/总货物出口
制造业出口占比最高的国家	柬埔寨	中低收入	94	制造业出口占比最低的国家	也门	中低收入	5.3
	中国	中高收入	94		科威特	高收入	4.1
	以色列	高收入	92.8		蒙古国	中低收入	3.2
	捷克	高收入	88.9		阿塞拜疆	中高收入	2.1
	斯洛伐克	高收入	87.9		马尔代夫	中低收入	0.2
	匈牙利	高收入	83.8		卡塔尔	高收入	0.1
	斯洛文尼亚	高收入	83		也门	中低收入	5.3
	马其顿	中高收入	79.8		科威特	高收入	4.1

2.4.4　沿线国家经济发展的重点问题

"一带一路"沿线 65 个国家的经济发展水平不一，贫富分化严重，最富有的卡塔尔的人均 GDP 是最贫穷的阿富汗的 152 倍。大多数国家的经济发展水平仍处于中等收入或低收入阶段，经济增长缓慢。从产业结构上来看，农业依然是一些经济发展水平较低国家的支柱型产业，农业增加值占 GDP 的比重高达 30% 以上。制约这些国家发展的障碍既有外在因素也有内在因素。"一带一路"沿线国家经济发展的重点问题有以下三点。

（1）经济发展模式单一。

在"一带一路"沿线国家中经济发展水平最高的几个国家（除了新加坡）大多数都是依靠丰富的能源，如卡塔尔、阿联酋、文莱等国家。依赖能源出口的增长方式是不可持续的，且极易受到国际原油、原材料价格波动的影响。政府的财政收入也随着石油收入的降低而下滑波动。高收入国家中除了能源依赖型国家之外，还有一类是传统的工业化国家，包括捷克、斯洛伐克、斯洛文尼亚等，然而这些国家的人均 GDP 水平在发达国家中处于较低的位置，这些国家的传统工业也遇到发展的"瓶颈"。一些传统制造行业，包括机械设备、汽车船舶、家用电器等会面对信息技术行业、生物工程、新型材料等的挑战。传统工业化国家在提升传统工业效率和竞争力的同时，要合理调整产业规划布局，从而适应新的国际环境。单一的发展模式是充满风险且不可持续的。

(2) 欠发达国家的贫困"陷阱"。

在"一带一路"沿线的 65 个国家中,有 25 个国家为中低收入或低收入国家,这些国家的人均 GDP 低于 4035 美元,且 GDP 的增长速度也并不高于其他收入水平的国家。特别是两个低收入国家阿富汗和尼泊尔,这些国家大多数都是资源贫瘠、国民受教育水平低的国家,缺乏高质量劳动力和高生产率的资本,经济发展止步不前。加上战争等原因一些贫困的小国依赖国际组织的援助和贷款来满足国内基本的消费需求。这些国家由于资金缺乏,政府无力做好一些基础设施投资项目如桥梁、道路、港口等,这也抑制了经济的发展。在"一带一路"沿线国家中,港口质量最高的为新加坡、阿联酋和巴林,而质量最低的为吉尔吉斯斯坦、蒙古国和塔吉克斯坦,良好的地理位置是形成优质港口的重要条件。中国的港口质量位于沿线国家前列,优质的港口保证了贸易货物的运输方便,是经济迅速发展的重要保障。"一带一路"沿线国家中如尼泊尔、吉尔吉斯斯坦、塔吉克斯坦等是内陆国家,远离海洋不能进行海港运输,这些内陆国家应加快铁路、公路等基础设施投资,为经济发展和快速增长创造良好的基础设施。

(3) 金融市场波动频发。

"一带一路"沿线经济体中除中国之外体量均较小,非常容易受国际资本市场波动的影响。金融市场波动频繁影响实体经济的增长。2008~2009 年全球金融危机期间,俄罗斯卢布、印度卢比的汇率都出现了大幅贬值。2014~2015 年受石油和大宗商品价格剧烈波动,俄罗斯卢布又出现了近 50% 的贬值,金融市场的波动严重地损害了实体经济的增长,2015 年俄罗斯 GDP 增速跌至 -3.7%,通胀率升至 15.53%。在 2015 年中国汇率改革之后人民币贬值导致了与中国贸易往来频繁的周边国家的货币纷纷贬值。2015 年 8 月 20 日,哈萨克斯坦坚戈兑美元在一日内瞬间贬值超过 30%。

2.5 沿线国家采用国际会计准则现状

2.5.1 沿线国家会计准则国际趋同现状

会计准则国际趋同是指受经济全球化的推动,各国会计准则在不断与国际比较和协调中，在国际强势集团的推动下，向建立全球通用的会计准则目标发展的一种动态过程。最终体现为各国财务报告披露的会计信息具有高度可比性，而不仅仅是追求各国会计准则的一致。

"一带一路"沿线国家会计准则国际趋同的现状。"一带一路"横跨亚、欧、非大陆，沿线65个国家会计准则国际趋同的程度不同，沿线国家对国际会计准则的采纳情况也存在差异。根据会计准则国际趋同程度的不同，可以大致将沿线国家分为要求采纳、允许采纳、实质趋同、不采纳四类。要求采纳指要求国内全部或者大多数上市主体或金融机构采用国际会计准则；允许采纳指允许国内上市主体和金融企业采用国际会计准则；实质趋同指本国会计准则实现了与国际会计准则的实质趋同；不采纳指选择采用本国自己制定的会计准则而不采纳国际会计准则。《国际财务报告准则指引：全球财务报告语言》表明，国际财务报告的质量正在进一步提高，并在全球范围内得到越来越多的国家和地区采用。"一带一路"沿线65个国家中有22个国家允许要求所有或大多数国内上市公司和金融机构按照国际会计准则编制财务报表；8个国家（越南、老挝、埃及、印度、土库曼斯坦、吉尔吉斯斯坦、印度尼西亚、黎巴嫩）没有采用IFRS；35个国家会计准则与国际会计准则实质性趋同。欧盟提出针对第三国上市公司的"会计准则等效"认定标准和程序，建立会计准则等效机制。欧盟委员会于2012年4月对中国会计准则国际趋同和实施情况进行重新评估后，已永久承认中国企业会计准则与国际财务报告准则的等效性。2018年沿线国家国际会计准则采纳情况如表2-10所示。

表2-10　　　"一带一路"沿线国家采纳IFRS情况表

序号	国家	制定会计准则部门	采用国际会计准则情况
1	阿富汗	阿富汗中央银行	采用
2	阿塞拜疆	阿塞拜疆共和国审计师协会（CAAR）	采用
3	阿联酋	阿联酋会计师和审计师协会（UAE-AAA）	采用
4	阿尔巴尼亚	阿尔巴尼亚国家会计委员会或NACA	上市公司采用
5	爱沙尼亚	爱沙尼亚会计准则委员会	上市公司采用
6	埃及	埃及会计师和审计师协会	没有采用
7	阿曼	资本市场管理局（CMA）	上市公司采用
8	巴林	巴林王国工业和商业部	采用
9	白俄罗斯	白俄罗斯共和国财政部	上市公司和银行采用

续表

序号	国家	制定会计准则部门	采用国际会计准则情况
10	巴基斯坦	巴基斯坦特许会计师协会（ICAP）	采用
11	波兰	会计准则委员会	上市公司采用
12	不丹	不丹会计和审计标准委员会（AASBB）。	上市公司采用
13	巴勒斯坦	巴勒斯坦注册会计师协会（PACPA）	采用
14	波黑	波斯尼亚和黑塞哥维那联邦（联盟）会计，审计和金融工人联盟。	采用
15	东帝汶	财政部（MOF）	采用
16	俄罗斯	俄罗斯联邦财政部（财政部）	上市公司采用
17	菲律宾	菲律宾财务报告标准委员会（FRSC）会计委员会（BOA）菲律宾注册会计师协会（PICPA）菲律宾证券交易委员会（SEC）	采用
18	格鲁吉亚	格鲁吉亚专业会计师和审计师联合会（GF-PAA）	采用
19	哈萨克斯坦	财政部	采用
20	黑山	财政部	采用
21	吉尔吉斯斯坦	财政部	没列入
22	柬埔寨	国家会计委员会（NAC）	采用
23	捷克	捷克共和国财政部	上市公司采用
24	科威特	科威特商业和工业部	采用
25	卡塔尔	卡塔尔金融市场管理局（QFMA）	采用
26	保加利亚	保加利亚注册会计师协会（保加利亚语简称 IDES）。	上市公司采用
27	克罗地亚	克罗地亚共和国财政部财务报告委员会（FRC）	上市公司采用
28	黎巴嫩		没列入
29	罗马尼亚	经济和财政部（MEF）	上市公司采用
30	老挝	财政部	没有采用
31	拉脱维亚	拉脱维亚共和国财政部	上市公司采用
32	立陶宛	审计和会计局（AAA）	采用
33	马来西亚	马来西亚会计准则委员会（MASB）	采用
34	孟加拉国	孟加拉国特许会计师协会（ICAB）	采用
35	蒙古国	蒙古国财政部（MOF）	采用

第 2 章
"一带一路"沿线国家的经济和会计准则

续表

序号	国家	制定会计准则部门	采用国际会计准则情况
36	缅甸	缅甸会计委员会（MAC）	上市公司采用
37	马其顿	马其顿共和国财政部	采用
38	摩尔多瓦	摩尔多瓦共和国财政部	采用
39	马尔代夫	资本市场发展管理局（CMDA）	采用
40	尼泊尔	尼泊尔会计准则委员会（ASB）	采用
41	沙特阿拉伯	沙特阿拉伯注册会计师协会（SOCPA）	采用
42	塞尔维亚	塞尔维亚共和国政府－财政部	采用
43	斯洛文尼亚	会计准则委员会	上市公司采用
44	斯洛伐克	财政部	上市公司采用
45	斯里兰卡	会计师协会	采用
46	泰国	泰国会计专业联合会（FAP）或联邦	采用
47	塔吉克斯坦		采用
48	土耳其	土耳其公众监督、会计及审计准则管理局（POA）	采用
49	土库曼斯坦		没有采用
50	乌兹别克斯坦	财政部、司法部联合发布	金融机构采用，上市公司不采用
51	文莱	文莱达鲁萨兰国会计准则理事会（BDASC）	金融机构采用
52	乌克兰	财政部	采用
53	新加坡	新加坡会计准则委员会（ASC）	采用
54	匈牙利	国民经济部	上市公司采用
55	叙利亚	叙利亚注册会计师协会	采用
56	伊拉克	伊拉克会计师和审计员联合会（IUAA	采用
57	伊朗	伊朗审计组织（AOI）	银行，保险公司和其他金融机构，上市公司遵守国际财务报告准则。
58	印度尼西亚	印度尼西亚财务会计准则委员会	没有采用
59	也门	也门注册会计师协会（YACPA）	采用
60	印度	印度特许会计师协会（ICAI）	没有采用
61	越南	越南财政部	没有采用
62	以色列	以色列会计准则委员会	采用
63	亚美尼亚	亚美尼亚会计师和审计师协会（AAAA）	上市公司采用

续表

序号	国家	制定会计准则部门	采用国际会计准则情况
64	约旦	约旦注册会计师协会（JACPA）	上市公司和金融机构采用
65	中国	中华人民共和国财政部会计监督管理司	上市公司采用

信息来源：国际财务报告准则®基金会网站（2018.12）http：//www.ifrs.org

2.5.2 会计准则制定机构及执行范围

"一带一路"65个国家的文化、宗教以及政治环境各不相同，经济发展水平相差悬殊。各国会计准则制定机构和执行范围也各不相同。

（1）会计准则的制定机构。

会计准则制定机构的性质影响到准则的权威性和执行效果。制定机构包括政府部门、会计组织和管理部门。

①会计准则由政府部门、财政部制定的国家有中国、俄罗斯、东帝汶、乌克兰、白俄罗斯、蒙古国、拉脱维亚、捷克、斯洛伐克、匈牙利、越南、老挝、克罗地亚、乌兹别克斯坦、马其顿、哈萨克斯坦、黑山、吉尔吉斯斯坦、塞尔维亚、罗马尼亚、巴林、科威特、摩尔多瓦等23个国家。

②会计准则由独立的会计职业组织制定的国家有阿塞拜疆、阿尔巴尼亚、阿联酋、爱沙尼亚、埃及、巴基斯坦、波兰、不丹、巴勒斯坦、菲律宾、格鲁吉亚、柬埔寨、保加利亚、立陶宛、马来西亚、孟加拉、缅甸、沙特阿拉伯、尼泊尔、斯洛文尼亚、斯里兰卡、泰国、文莱、新加坡、伊拉克、伊朗、印度尼西亚、也门、印度、以色列、约旦、波黑、叙利亚、亚美尼亚等34个国家。

③会计准则由经济管理部门制定的国家有阿富汗、阿曼、马尔代夫、土耳其、卡塔尔等5个国家。

黎巴嫩、塔吉克斯坦、土库曼斯坦3个国家会计准则的制定机构在国际财务报告基金会网站上没有列示。

（2）国际会计准则的执行程度。

执行程度是指是否全面执行了国际会计准则的所有条款，是否对国际会计准则进行了较大程度的修改。大多数国家都采用了国际会计准则，但也有一些国家只执行了国际会计准则的部分条款。例如欧盟各国，虽然早在2002年欧盟议会就要求所有欧盟境内的上市公司，从2005年起就按照国际会计准则来编制合并财务报告，但是欧盟并没有全部执行国际会计准则，只是强制要求执行"被认可的（endorsed IFRS）"，因此，国际会计准则委员会认为欧盟各国都对国际会计准则进行了重大修改。还有新加坡没有执行 IFRIC 2《合伙公司及类似机构的股权》，孟加拉国没有执行 IAS 39《金融工具：确认与计量》，巴基斯坦没有执行 IFRS 1《首次采用国际财务报告准则》。约旦则对重估模型和公允价值会计政策比较谨慎，他们认为其国内没有活跃的不动产和无形资产交易市场，因此涉及重估模型的 IAS 16《不动产、厂场和设备》和 IAS 38《无形资产》，以及涉及公允价值概念的 IAS 40《投资性房地产》都不允许执行。斯里兰卡的会计准则不仅包括国际会计准则，还包含一些研究所发布的财务报告指南、建议措施等内容。泰国现行的会计准则也对国际会计准则进行了较大程度的调整。中国没有直接采用国际会计准则，而是颁布了与国际会计准则基本趋同的会计准则。

（3）国际会计准则的执行范围。

执行范围是指哪些公司被要求或者允许执行国际会计准则。

上市公司：大部分国家要求国内所有上市公司都采用国际会计准则编制财务报告，个别国家有其特殊要求，例如，以色列不允许银行机构执行国际会计准则，沙特目前只允许银行和保险公司采用国际会计准则，乌兹别克斯坦也只允许银行采用国际会计准则。

国内上市的外资公司：大部分国家也是要求外资公司必须采用国际会计准则编制报表，但新加坡、马来西亚、印度、不丹、哈萨克斯坦、白俄罗斯、阿塞拜疆等国却没有强制要求，外资公司一般可在国际会计准则、美国会计准则或当地公认准则中进行选择。欧盟成员国对外资上市公司的统一规定是：在欧盟各国上市的外资公司必须按照欧盟认可的国际会计准则编制合并财务报告，除非欧盟委员会认可其本地会计准则与国际会计准则等效，在这种情况下，外资公司可以选择其本地会计准则编制报告。

非上市公司：非上市公司是否必须采用国际会计准则，不同国家都比较宽松，公司可自己选择合适的会计准则。不过规模较大的银行等金融行业以及涉及公共利益的这三类公司，即使没有上市，通常也被要求采用国际会计准则。

（4）国际会计准则的法律地位。

大部分国家都把国际会计准则纳入法律或制度中严格执行。例如，在菲律宾，国际会计准则直接作为该国的财务报告准则而具有法律地位。俄罗斯也是把国际会计准则作为其会计和财务报告制度的一部分，欧盟委员会强制执行国际会计准则的要求也是以法令形式颁布的，因而具有很强的法律地位。斯里兰卡则是间接地将国际会计准则纳入法律，1995年斯里兰卡《会计及审计准则法》第15号规定所有公司必须遵守由斯里兰卡建立的会计准则。斯里兰卡的会计准则是在2011版国际会计准则的基础上修改而成。

2.5.3 沿线国家会计准则趋同的特征

（1）会计行业发展水平参差不齐。

"一带一路"沿线各国会计行业发展水平相差悬殊。既有会计制度、法律完善的发达资本主义国家，也有尚未建立起完整会计体系的农业经济为主的国家。

（2）区域特色明显。

会计准则向国际会计准则趋同具有明显的地方区域特色，会计准则趋同情况都不相同。欧盟各国会计准则发展水平基本一致，向国际会计准则趋同的过程始终步调相同，这也说明它们很难被其他因素所影响。中东各国大多信仰伊斯兰教，加之该地区政治、军事冲突不断，因此会计准则国际趋同的进程比较缓慢。如伊朗在美国政府的强大压力下，国际"四大"会计师事务所在2010年前后都中断了与伊朗的所有业务关系，其会计准则国际趋同的进程也因此被搁浅。东南亚各国，除了新加坡以外，大部分会计的发展水平都比较落后。从苏联以及东欧等计划经济转轨而来的国家，其会计准则基本上是由政府财政部直接制定的。

（3）经济实力决定趋同的态度。

经济实力较强国家会根据本国的经济特点以及自身利益对国际会计准则作一定程度的修改。经济实力一般的国家则出于成本效益考虑往往会直接采用国际准则。推广和接受国际会计准则不仅是经济问题、技术问题，更是一个政治问题。国际会计准则委员会在成立章程中宣称其目标是"制定一套高质量、可理解、可执行的全球会计准则，并促使其采用和严格的应用，实现各个国家会计则与国际会计准则的趋同。"在此目标的指导下，国际会计准则委员会加大了向全球推广国际会计准则的力度，取得了重大进展。"一带一路"沿途各国会计准则在不同程度上向国际会计准则趋同，提升了会计信息透明度和可比性，增强了国际资本市场的流动性，而这对于我国"一带一路"倡议的实施是大有裨益的。

第3章 国际会计准则

3.1 国际会计准则

3.1.1 会计准则

会计准则（accounting principle）是会计人员从事会计工作的规则和指南，是规范会计账目核算、会计报告的一套文件，它的目的在于把会计处理建立在公允、合理的基础之上，并使不同时期、不同主体之间会计结果的比较成为可能。按照不同的标准会计准则有不同的划分：按使用单位经营性质会计准则可分为营利组织的会计准则和非营利组织的会计准则；按其作用可分为基本准则和具体准则两大类。

会计准则是用来对会计工作进行规范的。会计准则有四个特征：

第一，规范性。企业纷繁复杂的经济业务都有着自己的行业特性。会计准则将各行各业的会计工作中复杂多变的业务处理按照同一标准进行规范，大大提高了企业会计信息的一致性和可比性，会计信息的质量也相应得到了提高。

第二，发展性。会计准则的发展是随着社会经济的发展而不断改进和完善的，它离不开依赖的社会经济环境，理论来源于实践，又在指导实践过程中的发展。

第三，权威性。会计准则从制定到实施都是通过一定的权威机构制定的。各行各业对会计准则必须遵循，会计法规已纳入法律范畴。

第四，融合性。会计准则是理论与实践的融合，它的内容来自理论的归纳和实践的总结。

3.1.2 国际会计准则

国际会计准则（international accounting standards，IAS），是国际会计准则委员会为提高会计报表资料在国际间的可比性、协调各国会计实务中的分歧而颁布的会计规范，它是适应跨国公司发展的需要而制定的。国际会计准则主要规定会计报表中的某些项目应如何计量，是提供报表资料的最低限度。国际会计准则不直接约束各国的会计活动，而通过纳入各国的会计规范系统来对各国的会计活动（会计概念、方法、程序、做法等）施加影响。

国际会计准则理事会（IASB）发布的国际财务报告准则（IFRS）以及IASB的前身国际会计准则委员会（IASC）所发布的国际会计准则（IAS）和相关的解释公告，统称为"国际财务报告准则"（IFRS）。

3.1.3 国际会计准则内容

国际会计准则（IAS）由国际会计准则委员会（IASC）于1973～2000年发布。2001年，国际会计准则理事会（IASB）取代了国际会计准则委员会（IASC）。IASB对部分国际会计准则作出修订，并以新的国际财务报告准则（IFRS）取代部分国际会计准则，而对原国际会计准则未涵盖的议题则采纳新的国际财务报告准则。IASC和IASB均发布了准则的解释公告。国际会计准则和国际财务报告准则，统一称其为国际会计准则。

现行有效的国际会计准则56项，目前已停止使用的14项，正在使用42项。具体内容如表3－1所示。

表3－1　　　　　　　　国际会计准则表

序号	编号	准则名称	在用情况	制定者	修订或制定年份
1	IAS1	《财务报表的列报》		IASC	1975　1994　1997　2003＊　2005
2	IAS2	《存货》		IASC	1976　1993　2003＊
3	IAS3	《合并财务报表》	停用		在1989年被IAS 27和IAS 28取代
4	IAS4	《折旧会计》	停用		于1999年撤销并被于1998年发布或修订的IAS 16、IAS 22和IAS 38取代
5	IAS5	《财务报表应披露的信息》	停用		在1997年被IAS 1取代

续表

序号	编号	准则名称	在用情况	制定者	修订或制定年份
6	IAS6	《针对物价变动的会计应对》	停用		被 IAS 15 取代，而 IAS 15 于 2003 年 12 月被撤销
7	IAS7	《现金流量表》		IASC	1979 1992 1994
8	IAS8	《会计政策、会计估计变更和会计差错的更正》		IASC	1979 1993 2003*
9	IAS9	《研发活动的会计处理》	停用		已被于 1999 年 7 月 1 日生效的 IAS 38 取代
10	IAS10	《报告期后事项》		IASC	1980 1999 2003*
11	IAS11	《建造合同》	停用	IASC	于 2017 年 1 月 1 日被 IFRS 15 取代
12	IAS12	《所得税》		IASC	1981 1996 2000
13	IAS13	《流动资产和流动负债的列报》	停用		于 1998 年 7 月 1 日被 IAS 1 取代
14	IAS14	《分部报告》		IASC	1983 1994 1997
15	IAS15	《反映物价变动影响的信息》	停用		于 2003 年 12 月被撤销
16	IAS16	《不动产、厂房和设备》		IASC	1983 1993 1998 2000 2003*
17	IAS17	《租赁》		IASC	1984 1997 2003*
18	IAS18	《收入》	停用	IASC	于 2017 年 1 月 1 日被 IFRS 15 取代
19	IAS19	《雇员福利》		IASC	1985 1993 1998 2000
20	IAS20	《政府补助会计和政府援助的披露》		IASC	1984 1994 2001
21	IAS21	《汇率变动的影响》		IASC	1985 1993 1998 2003*
22	IAS22	《企业合并》	停用	IASC	已被于 2004 年 3 月 31 日生效的 IFRS 3 取代
23	IAS23	《借款费用》		IASC	1986 1993
24	IAS24	《关联方披露》		IASC	1986 1994 2003*
25	IAS25	《投资的会计处理》	停用		已被于 2001 年生效的 IAS 39 和 IAS 40 取代
26	IAS26	《退休福利计划和会计和报告》		IASC	1987 1994

续表

序号	编号	准则名称	在用情况	制定者	修订或制定年份
27	IAS27	《合并财务报表和单独财务报表》		IASC	1988 2000 2003*
28	IAS28	《联营中的投资》		IASC	1988 2000 2003*
29	IAS29	《恶性通货膨胀经济中的财务报告》		IASC	1989 1994
30	IAS30	《银行和类似金融机构财务报表中的披露》	停用		于2007年生效的IFRS 7取代
31	IAS31	《合营企业中的权益》		IASC	1990 2000 2003*
32	IAS32	《金融工具：列报》		IASC	1995 1998 2003 有关《披露》的规定已被于2007年1月1日生效的IFRS 7取代
33	IAS33	《每股收益》		IASC	1997 2003*
34	IAS34	《中期财务报告》		IASC	1998 2000
35	IAS35	《终止经营》	停用		已被于2005年生效的IFRS 5取代
36	IAS36	《资产减值》		IASC	1998 2000
37	IAS37	《准备、或有负债和或有资产》		IASC	1998
38	IAS38	《无形资产》		IASC	1998
39	IAS39	《金融工具：确认与计量》	停用	IASC	当应用IFRS 9时被IFRS 9取代
40	IAS40	《投资性房地产》		IASC	2000 2003
41	IAS41	《农业》		IASC	2000
42	IFRS1	《首次采用国际财务报告准则》		IASB	2003 2005
43	IFRS2	《以股份为基础的支付》		IASB	2004
44	IFRS3	《企业合并》		IASB	2004
45	IFRS4	《保险合同》		IASB	2004 2005
46	IFRS5	《持有待售的非流动资产和终止经营》		IASB	2004
47	IFRS6	《矿产资源的勘探和评价》		IASB	2004 2005
48	IFRS7	《金融工具：披露》		IASB	2005
49	IFRS8	《经营分部》		IASB	2009

续表

序号	编号	准则名称	在用情况	制定者	修订或制定年份
50	IFRS9	《金融工具》		IASB	2015
51	IFRS10	《合并财务报表》		IASB	2013
52	IFRS11	《合营安排》		IASB	2013
53	IFRS12	《在其他主体中权益的披露》		IASB	2013
54	IFRS13	《公允价值计量》		IASB	2013
55	IFRS14	《监管递延账户》		IASB	2013
56	IFRS15	《与客户之间的合同产生的收入》		IASB	2013

3.2 国际会计准则的发展

3.2.1 国际会计准则的历史

1904年召开第一次国际会计师大会，大会召开之后各国就提出了会计准则需要国际化的建议。

1962年在纽约召开的题为"会计、审计、财务报告和世界经济"的第八次国际会计师大会上，第七次大会会长、荷兰会计师协会会长克雷安霍夫提出了"会计方面的国际挑战"。而到20世纪60年代，会计国际化的运动得以快速发展。

1966年，由英格兰和威尔士特许会计师协会会长H.边逊爵士发起，联合美国和加拿大的会计师协会共同组成会计师国际研讨组。针对美、英、加三国的会计实务和会计准则进行比较研究，并发表研究报告。1968年研讨组发表了第一份研究报告，题为《三国对存货的会计和审计方法》。此次国际研讨组的活动虽不是以直接制定国际会计准则为目的，但它却是朝着制定国际会计准则这个方向迈出了第一步。

1972年在澳大利亚悉尼召开的国际会计师大会，成立了会计职业国际协调委员会。经过该国际组织的主要成员有关人员的协商，提出了设立国际会计准则委员会的方案，后经准备委员会的筹备，终于在1973年6月由来自澳大利亚、加拿大、法国、德国、日本、墨西哥、荷兰、英国和爱尔兰以及美国的会计职业团体发起，成立了国际会计准则委员会（IASC）。国际会计准则委员会是个国际民间组织，其宗旨是要制定和发布为各国、各地区所承认并遵守的国际会计准则，促进国际会计的协调。

国际会计准则委员会成立之初，并没有强有力的政治经济背景，只是选择国际上备受关注的主要会计项目，在适当比较和挑选的基础上，调和各国同类或类似的准则，废除一些不正确的会计惯例，然后允许剩下的多种会计处理并行，允许会计实务在多个备选会计程序和会计方法中选择，从而形成易于被各国和各地区接受与遵守的国际会计准则。

初期国际会计准则的制定中虽强调"以公众利益为目标"、为改进和协调与编报财务报表有关的条例、会计准则和程序而开展广泛的工作，但更关注的是获得国际会计准则委员会全体成员的支持，使国际会计准则争取到各国会计界的广泛认同。

经济全球化已经成为当代社会一个最明显的特征，各市场之间的联系更加紧密，投资者和公司都在不断寻找跨国界的机会，各国企业纷纷从单靠国内资本市场融资转向依靠国际资本市场融资。例如，伦敦证券交易所的股票市值总额中有70%是非英国公司的，德国证券交易所市值总额中有80%是非德国公司的，区域性或全球性的资本市场正在加速形成。全球化对国际会计协调的需求与日俱增，大家都翘首期待高质量的、统一的国际会计准则出台。

2000年5月IASC重新改组，设立IASC基金会，下设"国际会计准则理事会"（IASB）、"国际财务报告解释委员会"（IFRIC）和"准则咨询委员会"（SAC）。IASB主要负责各项会计准则的研究、制定等工作。改组使IASC由各国会计准则"协调者"的身份转变成全球会计准则"制定者"的身份。

3.2.2 国际会计准则委员会（IASC）

随着国际经济贸易往来日益频繁、资本的国际流动规模越来越大、跨国公司数量日渐增多，各国不同的会计准则给贸易交往带来了障碍，世界各国感到有必要对各国的会计准则进行协调。1973年，来自加拿大、法国、德国、日本、澳大利亚、墨西哥、荷兰、美国、英国和爱尔兰的会计职业团体在英国伦敦发起设立了国际会计准则委员会（international accounting standars committee，IASC），总部设在英国伦敦。到 2000 年有 104 个国家的 143 个会计职业组织加入了 IASC。中国在 1998 年 5 月加入了 IASC。IASC 的主要目标是"制定强有力的准则以满足国际资本市场与国际工商业界的需求。制定并帮助实施会计准则，以满足发展中国家和新兴的工业化国家对财务报告的需求。进一步提高国家会计要求与国际会计准则之间的兼容性。"工作任务是协调国际会计准则在各国的发展。IASC 颁布的会计规范大致有：财务会计概念框架，IASC 所颁布的《编报财务报表的概念框架》明确了基本假设、会计要素及其确认、计量和报告、报表的目标等基本概念，在会计概念框架的基础上制定了 IAS；准则（IAS）；解释公告。至 2004 年，IASC 已经先后颁布了 6 项国际财务报告准则、41 项国际会计准则 IAS 和 33 项解释公告。

3.2.3 国际会计准则委员会改组

20 世纪 60 年代，世界上四大英语国家和地区（美国、英国、澳大利亚、加拿大）的会计准则制定机构组成了会计标准的区域协调机构 G4 集团（新西兰后来也加入其中），对它们各自所制定的会计准则进行相互协调和修订。1993 年 IASC 作为官方观察员加入该组织，形成了 G4 + 1 格局。G4 集团希望 IASC 制定的 IAS 在它们认可的范围内，在此背景下，IASC 如不进行改组，将很有可能被 G4 所取代。1998 年 12 月国际会计准则委员会 IASC 发布了《关于重塑国际会计准则委员会未来的建议》的报告，2000 年 5 月该报告经全体会员大会批准通过，并修改了 IASC 的章程和基本目标，IASC 实现了改组。

改组后的组织机构包括：（1）IASC 基金会；（2）国际会计准则理事会（IASB），IASB 由 14 人组成，包括 12 个专职成员和 2 个兼职成员，IASB 的作用是起草和发布 IFRS；（3）准则咨询委员会（SAC）；（4）国际财务报告解释委员会（IFRIC），IFRIC 由 12 个有表决权的成员和一个委员会主席组成，其中委员会主席不具有表决权，IFRS 的作用在于起草 IASB 的解释并提交批准通过。

3.2.4 国际会计准则理事会（IASB）

IASC 重组是 1997 年提出来的，IASC 为此专门成立了"战略工作组"。

1998年年底,战略工作组提出了重组方案,提出《重塑 IASC 未来》研究报告。该方案建议,新 IASC 设基金会、理事会和制定委员会三个层次:基金会任免理事会成员和制定委员会成员,理事会负责审议和投票表决,制定委员会负责研究起草准则。

1999年11月,战略工作组向 IASC 理事会递交了题为《关于重塑 IASC 未来的建议》的最终报告。方案除了设立类似于基金会的管理委员会外,不再分设理事会和制定委员会,而是合二为一,称为国际会计准则理事会,即 IASB,这个理事会由专职人士组成,对会计准则有最后的决定权。

2001年国际会计准则理事会(IASB)取代了国际会计准则委员会(IASC)。在改组之前,IASC 所发布的国际会计准则称为国际会计准则(IAS),改组后,由国际会计准则理事会(IASB)发布的会计准则称为国际财务报告准则(IFRS)。改组后的 IASB 于 2003 年 12 月修订了 IAS-1 财务报表的列报,IAS-2 存货、IAS-8 当期净损益、重大错误和会计政策变更、IAS-10 资产负债表日后事项等 13 项会计准则,2005 年取消了 IAS-15 反映物价变动的信息会计准则,并先后发布了 IFRS-1 首次应用国际财务报告准则、IFRS-2 股票基础支付、IFRS-3 企业合并、IFRS-4 保险合同、IFRS-5 为销售而持有的非流动资产和终止经营、IFRS-6 矿物资源的勘探和评估、IFRS-7 金融工具:披露和列报等 7 项新的国际财务报告准则。改组前 IASC 所发布的国际会计准则 IAS 和 IASB 所发布的国际财务报告准则 IFRS 不加区别都统称为国际会计准则(IFRS)。

IASB 的目标是"制定一套高质量、可理解的、可强制实施的、全球接受的、以清晰表述的原则为基础的财务报告准则"。目的是给"投资者决策将拥有更好的信息;公司决策也同样将拥有改善了的管理信息;公司可能更方便地获得融资,特别是外资,同时资金成本也能降低;国家也将更容易从国际资本市场获得融资;会计师职业将获得更高的可信度以及更好的收入前景;国家提高其竞争力,为民众带来更大的繁荣。"

采用国际会计准则的益处是:"从根本上获得高质量全球财务报告系统;通过提高透明度来吸引投资;降低资本成本;促进世界范围的投资;削减(全球各类会计活动)成本。"

3.3 国际会计准则协调、趋同与等效

3.3.1 国际会计准则协调

会计准则协调指通过国与国之间的相互沟通和协商、相互认知和妥协，减少并最终消除不同国家之间的会计差异，形成一套广为接受的会计准则，从而提高财务信息在不同国家或地区之间的可比性。

Samuels 和 Piper（1985）认为，协调试图把各种各样的账务处理过程进行融合，最后能产生共同合作效果的过程，目的是缩小差异。Arpan 和 Radebaungh（1992）认为，会计协调化不断地在缩短差距，从而逐步制定出相融合且适用性强的准则。Nobes 和 Parker（2000）表示，会计协调化是利用约束账务处理过程的差异来提高其可比性。Saudagaren（2001）认为，会计协调化就是提高各个国家或地区所编制财务报表的可比性的过程。乔伊·米克（2007）认为，会计协调化就是通过限制各个国家或地区会计实务的差异来实现统一。Tay（1990）认为，会计协调是减少会计惯例多元化的过程，而会计标准化则是增加统一性的过程。协调就是缩小各种标准和实务差异以形成一套严密的可接受的标准和惯例的过程。葛家澍、刘峰（1993）认为，协调是在可能的范围内，尽量减少差异，寻求一致，其目标是寻求各国会计的共性与一致性，消除不必要的分歧，尽量减少各国之间在会计和报告准则方面的差异，以提高会计信息的可比性、同质性。协调化要求各国会计准则通过不断的协调能求同存异，增进共同的内涵，逐步缩小不同会计制度之间的差异，提高不同国家会计实务和财务报告的可理解性和可比性。

会计协调化与会计标准化有着实质的差别，会计协调化容许存在一些会计差异，而不是要求各国完全执行一个标准。协调化是一个动态的过程，它主张要通过相互交流、相互磋商，从而达成相互了解、相互调和，渐渐消除各个国家或地区之间的会计差异，最后形成一套能被各国普遍认可并采用的会计准则。所以协调化要循序渐进，不可能一蹴而就，在过程中要求同存异。

协调是保证各国会计准则在逻辑上不冲突，增强可比性。协调是通过保留

各国会计的共性与一致之处，消除会计准则间存在的不必要分歧，减少国与国之间会计准则层面的差异，从而提高不同准则下会计信息的可比性、同质性；协调是一个通过缩小国与国之间会计准则在形式上和实务上的差异，从而形成一套周密的可被广泛接受的标准和惯例的过程；协调就是限定、减少乃至消除各国会计差异的过程，目的就是增加可比性或形成一套会计标准。

按照会计准则国际协调涉及的范围可以将其分为三个层次：一是双边协调；二是多边协调；三是国际协调。

双边协调是指国家之间为了双方利益进行的会计差异之间的调整。例如，中国企业到美国证券交易所上市，为解决不同会计准则出现的会计报表问题，双方协商中国企业先按中国会计准则和会计制度编制会计报表，然后以美国的会计准则标准对这套报表进行调整。按美国会计准则重新编制会计报表再由国际会计公司进行审计。在日本外国公司上市既可以按日本会计准则进行调整，也可以按国际会计准则进行调整，也可以在境内公司原会计报表的基础上对会计准则差异作必要说明。这种协调的优点在于，两国之间更易在诸多方面达成共识；不足之处是，当越来越多的双边协调形成后，由于各国的要求不同，不仅不能有效地缩小或消除国家间的会计差异，还会产生协调后新的会计差异。

多边协调是指在经济、贸易、金融、文化、地理等存在密切联系或期望建立密切关系的若干国家之间进行的或由地区性组织推动的会计协调。其主要发生在一个地区内几个国家之间，但也不限于一个地区，也有的是发生在不同地区的一些国家之间。一般来说，这些国家之间存在着经济、贸易、金融等方面的关联或期望加强经济、贸易、金融等方面的交易，把会计协调作为增进经济、贸易、金融交易的手段。

国际协调是指在国际组织推动旨在全球建立统一国际会计准则的会计协调活动。进行国际协调的组织主要有三个：一是国际会计准则委员会；二是国际会计师联合会，协调重点在于审计和非营利组织；三是联合国国际会计和报告标准政府间专家工作组，它不是准则制定机构，是推动国际会计协调的机构，其采用普及、研究、宣传等方式推荐采用国际会计准则或相关国家或组织的会计规范或指南。

3.3.2 国际会计准则趋同

国际会计准则趋同是指各国公认会计准则（GAAP）逐渐与国际会计准则

（IFRS）取得一致的过程。会计准则趋同就是对于经济实质相同的经济业务，应采用统一的会计处理程序及方法。在不同的国家或地区，实质相同的经济业务应使用相同的会计方法进行处理。

会计准则国际趋同就是各国会计准则向国际会计准则渐渐靠拢的过程，最终表现为各国财务报告反映的会计信息具有高度可比性，而非单纯地追求各准则一致性。

曲晓辉（2005）认为，当资本市场国际化达到一定程度时，会计准则的国际趋同则是它的产物。会计的趋同不仅仅局限于会计准则的趋同，还包括账务处理过程的趋同，这说明制订全球通用的统一的会计规范不再是一个遥不可及的目标。

刘玉廷（2007）认为，趋同是第一步，等效才是目标，与IAS的国际趋同是我们当下所追寻的目标，最终目的是达成会计准则等效。

3.3.3 国际会计准则等效

会计准则等效是指第三国公司在采用国际会计准则或会计准则与国际会计准则趋同的国家上市，无须对按照本国会计准则编制的财务报告做出调整，即使有变动也仅仅是对个别项目进行解释说明或者编制极少项目的调节表，无须再按照国际会计准则进行全面转换。会计准则国际等效是会计准则国际趋同发展到一定阶段的产物，是对会计准则国际趋同的进一步延伸与拓展，只有先完成会计准则国际趋同才能进入会计准则等效的阶段。

会计准则等效机制是在国际会计准则趋同的基础上建立的。会计准则等效是由欧盟首先提出的，并且欧盟已经在会计准则国际趋同的基础上成功运用了会计准则等效机制，已经得到很多国家和地区的采纳，产生了全球性的影响。

欧盟委员会规定："以第三国会计准则为基础编制的财务报表和以国际财务报告准则为基础编制的财务报表相比，能够对证券发行企业的资产负债、财务状况、盈利状况和发展前景作出相似判断，并且很可能会作出相同的投资决定，那么就可以认为第三国会计准则与国际财务报告准则等效。"

会计准则趋同的目的就是会计准则等效。它们在目标上是一致的，都是为了降低交易成本，提高会计信息可比性，促进不同国家之间的经济合作与交流。

3.4　国际会计准则（IAS）与国际财务报告准则（IFRS）的区别

国际会计准则委员会制定了41项会计准则（IAS）。2001年国际会计准则委员会改组，由国际会计准则理事会接替。国际会计准则理事会在会计准则（IAS）基础上不断完善又制定出15项国际财务报告准则（IFRS）。现在使用的会计准则（IAS）和国际财务报告准则（IFRS）共有42项，统一称为国际会计准则。IAS和IFRS具体内容见表3-1。

3.5　国际会计准则趋同的必要性

在全球经济与贸易的发展中跨境交易占所有金融交易中超过三分之一。跨境活动因不同国家维持自己的一套国家会计准则而变得复杂。各国会计准则对会计信息质量的影响，增加了跨境投资的成本和复杂性，增加了公司、投资者以及使用这些财务报表作出经济决策的其他人的风险。

Street等（2000）对国际会计准则与美国财务会计准则间的差异进行了实证研究。结果发现，在观察期内按美国会计准则核算的净利润数据与按照国际会计准则核算的净利润数据存在显著差异，按照两个会计准则分别采取1995年和1996年的净利润数据，差异分别占到按美国会计准则核算的净利润的11%和18%。

Luisocieda（2003）研究了西班牙在美国上市的9家公司1991~2001年的20-F调节表，对9家公司的调节项目类别和变化趋势进行可比性指数检验。研究发现，在西班牙准则下的净利润高于美国会计准则下的12.57%，而股东权益小于美国会计准则下的6.76%。主要的差异项目是固定资产、无形资产、员工福利、投资、合并报表、商誉、递延所得税、准备金和企业合并。

J. L. Haveray（2006）对中国11家在纽约上市的公司进行研究。他运用

Gray 的 C 指数研究了国际会计准则和美国会计准则之间的会计数据的可比性。研究表明，11 家上市公司中有 1 家公司净利润差异在 5% 范围内，其余 10 家公司呈现出不可比。J. L. Haveray 对产生差异的因素进行了分析，认为造成会计数据差异的主要原因在于国际会计准则和美国会计准则在不动产、厂场和设备的计量基础的不同。

目前，国际会计准则被公认为是质量最高的会计准则，采用国际会计准则可以提高会计信息质量，为全球金融市场带来透明度、问责制和效率。使投资者和其他市场参与者能够做出明智的经济决策，通过减少资本提供者与他们所委托的人之间的信息差距来加强问责制；通过帮助投资者决策，提高资本配置，从而提高经济效益。

随着各国之间经济事务的日益交流，跨国公司与国际贸易也迅速增多。为了保证资本市场的稳定、全球经济的良好运转，必须有统一的会计准则作为保障，以提高各国财务报告信息的质量。资源和资本在全球范围内的配置和流动迫切需要一套质量较高的全球公认的会计准则。经过国际会计准则理事会多年来的不懈努力，国际会计准则越来越被众多国家所接受。从 2005 年开始，欧盟约 9000 家上市公司完全采用国际会计准则，并倡议 500 多万家非上市公司积极采用。新加坡、澳大利亚、新西兰等多个国家和地区直接采用了国际会计准则。一些新兴市场国家和经济转型国家借鉴了国际会计标准制定符合本国国情的会计标准。还有一些国家和地区如澳大利亚、法国、德国等的股票交易所和监管机构，认可外国公司和本地公司所提交的财务报表使用国际会计准则进行编制。2007 年美国证券和交易委员会宣布，外国公司未来在美国的股票交易所上市，既可以采用美国的会计准则，也可采用国际会计准则编制所提交的财务报表。

美国证券和交易委员会的决定促进了国际会计准则在全球使用，越来越多的跨国企业采用国际会计标准来编制其财务报表。按照相同的国际财务报告准则编制财务报告使各个国家和地区能够产生更好的资本市场，提高公司财务报告的可比性，使投资者容易比较不同资本市场和不同国家的公司会计报告，从而做出更加正确的经济决策。会计准则的国际趋同使国际经济交往越来越畅通，目前已有一百多个国家和地区应用了国际会计准则。

会计准则趋同是指在全球经济一体化的大环境中，在国际强势集团的推动下，各国国内会计准则经过不断比较和协调，最终形成一套全球通用的会计准则（曲晓辉，2005）。

3.6 国际会计准则的发展前景

IASC 改组后 IASB 增强了与国际社会尤其是各国会计准则制定机构的联系，IFRS 质量的不断提高，影响进一步扩大，逐渐担当起会计国际化进程中基准会计准则的角色，成为各国会计准则趋同的对象。世界各国都加快了会计标准的趋同步伐，越来越多的跨国公司和大型企业主动选择 IFRS。保加利亚、马来西亚、新加坡、爱沙尼亚、乌克兰等国从 2003 年起以 IFRS 取代了本国会计标准；俄罗斯、坦桑尼亚等国从 2004 年起执行 IFRS；欧盟、瑞士、澳大利亚等宣布从 2005 年起执行 IFRS；新西兰从 2007 年起采纳 IFRS。根据德勤会计公司对全球 132 个国家或地区截至 2003 年 12 月 31 日的 IFRS 采纳情况统计，已经有 81 个国家或地区要求或允许国内上市公司采用 IFRS，占被统计国家或地区的 61%，宣布将于 2005 年之后要求所有上市公司采用 IFRS 的国家或地区有 30 个，占 23%。世界上大多数证券交易所都承认和支持上市公司以 IFRS 为基础编制财务报告。据 IASB 网站对全球 85 家证券交易所的统计，截至 2003 年 12 月 31 日，接受上市公司按 IFRS 编制财务报告的共有 70 家，占比为 82%。另据 IASB 网站的不完全统计，截至 2003 年 12 月 31 日，世界上有过千家公司直接采用 IFRS，或在财务报告中将 IFRS 信息作为补充信息提供。很多世界级的大型企业，如世界银行、德意志银行、汉莎航空、阿迪达斯、中国石化等，从 2002 年起就开始采用 IFRS 编制财务报告。2005～2007 年之后，执行 IFRS 的上市公司，仅在欧盟范围内都将超过 7000 家。2004 年 1 月，法国玛扎尔国际审计和咨询公司完成了一项专题调查，以德国、法国、意大利、英国、西班牙、比利时 6 国的较大公司为调查总体，就上市公司 2005 年之后执行 IFRS 的问题展开调查，实际收到有效问卷 425 份（249 家上市公司和 176 家非上市公司），调查发现，73% 的上市公司认为执行 IFRS 能提高财务信息披露的透明度，79% 的上市公司认为 IFRS 有助于提高财务报告的可靠性；57% 的上市公司希望通过 IFRS 改善企业性内部管理和组织机构；55% 的非上市公司也希望执行 IFRS，64% 的非上市公司认为 IFRS 有助于提高可比性和透明度。

2008年11月14日，美国证券交易委员会（SEC）发出声明公开征求国际趋同的路线图，并于2010年2月24日又公开发布了一份声明，再次强调其对IAS统一的认可和拥护。2009年12月11日，日本正式对外公布了日本为实现会计准则国际趋同的路线图，要求日本部分上市公司自2010年3月31日起采用"指定的国际会计准则"。2010年1月28日，巴西联邦会计委员会和巴西会计准则理事会与国际会计准则理事会（IASB）签署备忘录，明确巴西会计准则将实现与IAS的国际趋同，并强调自2010年起巴西的全部上市公司和金融机构将按照此会计准则编制财务报告。会计准则的国际趋同从各个国家所达成的共同认识，渐渐转变为各个国家的实际行动。

2018年12月，国际财务报告基金网站显示，全世界已有150多个国家或地区直接采用IFRS或者与之趋同，可以说IFRS已获得了全球主要经济体的广泛认可和支持。会计准则国际趋同是一个国家经济发展和适应经济全球化的必然选择。随着全球经济的不断发展，IFRS必将在世界范围内被接受和遵循。

第4章 我国会计准则的国际趋同

4.1 我国会计准则国际趋同的背景

4.1.1 政治环境

(1) 国际政治环境。

历史上每一次重大的财务丑闻、经济金融危机都会推进会计、审计准则的变革发展。在国际会计准则委员会（IASC）改组前，美国认为美国的会计准则（GAAP）是世界上最完善且最先进的会计体系。安然、世通、施乐等一系列公司被曝出财务丑闻后，在经济利益的驱使下，美国会计准则委员会（FASB）决定将会计准则的制定思路由规则导向转变为原则导向，开始向国际会计准则趋同。2001年4月，改组后的国际会计准则理事会（IASB）加强了与各国会计准则制定机构的联系，积极推广国际会计准则，使各国加强了对国际财务报告准则的认同，促进各国会计准则向国际会计准则标准化、统一化的趋同步伐。

IASB对我国会计准则体系的建设也高度关注，为我国会计准则的制定工作提供了大力支持，有力地推动了我国会计准则国际化趋同的进程。

(2) 国内政治环境。

1978年召开的十一届三中全会提出我国要积极发展同世界各国平等互利的经济合作。我国企业与国外企业的经济往来日益频繁。1987年党的十三大指出要逐步建立起在公有制基础上的有计划的商品经济的基本框架。1992年召开的党的十四大提出我国经济体制改革的目标由计划商品经济发展为社会主义市场经济。我国企业与国外企业的经济往来日益频繁，国际贸易的蓬勃发展推动了会计准则的国际化趋同。

4.1.2 经济环境

(1) 国际资本市场需要我国会计准则趋同。

随着我国经济与世界经济融入进程的加快,与国际资本市场的联系也日趋紧密。海外投资的发展越来越多,但是,我国会计准则与国际上的差异给我国经济带来很大损失。欧盟制定"市场经济地位"中规定"企业建立一套符合国际会计准则且账目清晰的报表体系,报表应由独立的机构根据国际会计准则进行审计"。从1994年开始,我国已成为世界上第一大被反倾销投诉的国家,是世界上反倾销调查最多的国家,是反倾销的最大受害国。究其根源,有我国外贸出口结构不合理、贸易管理体制不完善和国外对华的歧视的原因,更重要的因素是我国会计准则与国际会计准则标准存在差异。面对严峻的国际形势,我国经过几年的会计准则的修订,2006年颁布了新会计准则,基本上与国际会计准则保持一致,实现了与国际会计准则的实质性趋同。此后,按照我国会计准则提供的会计信息得到国际认可,我国在反倾销事件中遭受的损失也大大减小。市场经济地位是反倾销调查确定倾销幅度时使用的一个重要依据,我国企业会计准则的国际趋同为我国在国际上占据市场经济地位提供了大力支持。

(2) 财务报表的巨大差异造成融资成本的提高。

不同的会计准则造成的财务信息不可比阻碍了跨国企业的发展。按照不同的会计准则编制出来的财务报表是不同的,尤其是上市公司的财务报表对机构投资者的决策影响最大,绝大多数国际投资者都希望能够使用统一标准的会计标准。这对跨国企业在国外资本市场筹资非常重要。随着我国经济建设的快速发展,我国会计准则与国际会计准则的趋同的必要性日益显著。经过十年的发展,我国会计准则与国际会计准则的差异已经大大减小,在2006年我国企业会计准则与国际会计准则实现了实质性趋同。

4.2 我国会计准则国际趋同的发展情况

会计准则的国际化水平反映了一个国家的经济与世界融合的程度,中国经济发展迅速,对外开放水平不断提高,中国市场经济正逐渐融入世界经济体系，会计准则的制定应满足国家经济发展的需要，逐步与国际接轨，为境外投资者提供便于其对比分析的会计信息，减少由于财务信息的不可比造成的信息理解障碍，进而影响投资者所做出的投资决策。20世纪80年代我国改革开放初期，外国投资者来我国投资看不到我国企业的财务报表，无法了解和评价我国企业的财务状况和经营成果，影响了外国投资者对我国企业的投资，也影响了我国企业在境外资本市场的融资。基于对国际环境和国内环境的综合评估，财政部会同证监会等相关部门果断地做出了加快构建与国际准则接轨的会计准则的决策。

我国会计准则制度向国际会计准则趋同的历程分为国际会计惯例引入学习、国际会计准则吸收借鉴、会计制度统一完善、国际会计准则全面趋同四个阶段。

(1) 国际会计惯例引入学习阶段（1979~1992年）。

改革开放的实施吸引了大批外资，也使我国会计准则国际化的必要性得以显现。1979年，财政部颁布的《关于中外合资工业企业财务会计问题的若干规定》标志着我国企业会计准则国际趋同的开端。随着改革开放的不断深入，20世纪80年代，以松下电器为代表的众多"三资"企业首批进入我国市场，我国传统会计核算体系不能满足日本企业经营活动的要求，财政部于1985年发布了《中华人民共和国中外合资经营企业会计制度》，使我国的"三资"企业有了自己的确认、计量和报告的标准。《中华人民共和国中外合资经营企业会计制度》被视为我国会计标准与国际会计惯例协调的重要开端。

(2) 国际会计准则的吸收借鉴阶段（1993~2000年）。

1992年5月，财政部和国家体改委联合发布了《股份制试点企业会计制度》。采取会计准则与会计制度并存的办法实施1992年制定的"两则""两制"。1997年5月出台了第1号具体准则《关联方及其交易的披露》，规范了关联交易应披露的内容，明确要求披露交易方、交易内容、交易数量、交易价格及金额。《关联方及其交易的披露》准则缩小了我国会计准则与国际会计准则在关联方交易披露上的差异，标志着与国际惯例相适应的中国会计准则体系逐步建立。

(3) 会计制度统一完善阶段（2001~2006年）。

2001年我国加入世贸组织（WTO）以后，我国与国际资本市场的联系日益紧密。由于我国资本市场尚未成熟，无法满足一些大型企业的融资需求，许多内地企业纷纷在境外上市。公司在纽约证券交易所有限公司及中国香港联合交易所有限公司挂牌上市的程序非常烦琐。第一步，按照中国内地的监管要求，按照中国会计准则编制财务报告；第二步，为了满足香港特区资本市场信息披露的需求，将内地准则财务报告调整为按国际财务报告准则编制的财务报告；第三步，按照美国证监会的要求，将国际准则财务报告转换为美国公认的会计原则财务报告，以满足美国资本市场监管和信息披露的要求。在海外资本市场上市的企业必须按照资本市场所在地的会计准则要求重新编制财务报告。按照不同的会计准则分别编制财务报告增加了企业融资成本，这样大大增加了企业的信息处理工作量和信息披露成本。会计准则的差异造成的会计信息的不对等阻碍了我国企业进入海外市场。

（4）国际会计准则全面趋同阶段（2007年至今）。

2005年11月8日，财政部副部长、中国会计准则委员会秘书长王军与国际会计准则理事会主席戴维·泰迪爵士签署了联合声明。中国会计准则委员会（CASC）与国际会计准则理事会（IASB）签署联合声明指出：中国制定的企业会计准则体系，实现了与国际财务报告准则的趋同。但在个别业务上根据我国特殊的政治、经济环境作出了修订，如资产减值损失的转回、公允价值的计量、关联方关系及其交易的披露以及我国国有企业中存在的同一控制下的企业合并问题。除了这些条款外，其他业务处理的规定都与国际会计准则（IFRS）保持了一致。鉴于我国特殊的市场经济环境，国际会计准则理事会（IASB）经过全面评估认可了我国的这些特殊会计处理规定。

2006年2月15日，我国正式发布的《企业会计准则》率先在上市公司范围内实施。这一新的准则体系对于我国会计准则改革和发展而言具有里程碑式的意义。我国同时在境内和中国香港资本市场上市的公司依然需要进行双重披露，即同时按照中国新企业会计准则和国际会计准则编制两套财务报告，并分别由境内外会计事务所同时审计。

新企业会计准则实施之后，AH股公司两种准则下的净利润、净资产、经营现金净流量不再存在显著差异，我国会计准则实现了形式上的国际趋同。随着中国会计准则形式趋同的不断推进以及法律制度的不断完善，AH股公司两种准则下的会计盈余质量不再存在显著差异，实现了实质上的会计国际趋同。

2007年1月1日，我国的上市公司开始执行与国际会计准则（IFRS）实质趋同的新会计准则，按照这一新会计准则提供的会计信息与境外资本市场要求的会计处理规定更具一致性，增加了与其他国家财务信息的可比性，将更有利于促进我国企业到境外资本市场上市融资。2017年2月发布了《会计改革与发展"十三五"规划纲要》明确提出要推进企业会计准则国际趋同，并先后修订发布了"新金融工具相关会计准则"以及"新收入准则"，进一步缩小了与国际会计准则在一些会计实务上的差异。从1992年财政部颁布的"两则两制"，到2006年新《企业会计准则》的出台，我国终于形成了比较完善的会计准则体系，基本实现了与国际会计准则基本趋同的目标。

香港特别行政区成为我国企业境外上市的主要地点，由于香港执行的是国际会计准则，为了减少我国企业到香港上市所发生的报表转换成本以及审计成本，经过我国内地与香港多次讨论协商，2007年12月6日，内地与香港共同发布了内地企业与香港财务报告准则等效的联合声明，香港承认内地执行的新会计准则与香港会计准则等效。等效就是具有同等效力，其他实施国际会计准则的国家或地区承认我国会计准则与它们所使用的会计准则等效，这就意味着我国企业在这些国家或地区上市，不用再按照当地的会计准则重新编制财务报告，或只是对个别差异项目进行调整即可，这大大减少了上市企业的报表转换成本，提高了企业的上市效率。

2007年，我国新实施的会计准则除了与香港特别行政区实现了等效，2007年年底，我国的会计准则又成为欧盟首批认可的会计准则，与我国同时被欧盟接受会计准则的国家还有加拿大、日本、美国等发达国家。2008年11月14日，经ESC（欧盟证券委员会）决定：从2009年开始，我国企业在欧盟国家上市，不需要重新编制财务报表，即欧盟承认我国企业采用的会计准则已与欧盟适用的国际会计准则等效。

自2007年实行新会计准则以来，为了了解新准则的执行情况及效果，财政部陆续发布了三份关于新准则执行情况的年度分析报告，同时，世界银行对我国新准则的执行情况也较为关注，采用问卷调查和实地调研两种方式进行了为期一年的调查分析，于2009年发布了《中国会计和审计评估报告》，报告中认为我国实行的新会计准则取得了很好的执行效果，并鼓励其他国家学习借鉴我国的经验。

第4章
我国会计准则的国际趋同

4.3 我国新企业会计准则

我国新企业会计准则自 2007 年 1 月 1 日对上市公司开始施行,并逐步扩大实施范围。2007 年 12 月 6 日,内地和香港签署了两地会计准则等效的联合声明,根据两地准则等效磋商和谈判的结果,有些内容需要通过《讲解》的修订进行必要的补充。

4.3.1 新会计准则内容

(1) 1 个基本准则:基本会计准则的作用是"准则的准则",对 38 个具体准则起着统驭和指导作用,具体会计准则应在基本准则规定的框架内,按照会计业务或事项的类别进行制定与执行。

(2) 38 个具体准则:具体会计准则是根据基本准则的精神制定,用来指导企业各类经济业务的确认、计量、记录和报告。38 项具体准则又具体规范三类经济业务或会计事项的处理,如表 4-1 所示。

表 4-1 　　　　　　　　　　具体准则

序号	内容	一般业务处理准则	特殊行业会计准则	特定业务准则
1	第 1 号存货	★		
2	第 2 号长期股权投资	★		
3	第 3 号投资性房地产	★		
4	第 4 号固定资产	★		
5	第 5 号生物资产		★	
6	第 6 号无形资产	★		
7	第 7 号非货币性资产交换			★
8	第 8 号资产减值	★		
9	第 9 号职工薪酬	★		
10	第 10 号企业年金基金	★		

续表

序号	内 容	一般业务处理准则	特殊行业会计准则	特定业务准则
11	第 11 号股份支付	★		
12	第 12 号债务重组			★
13	第 13 号或有事项			★
14	第 14 号收入	★		
15	第 15 号建造合同	★		
16	第 16 号政府补助	★		
17	第 17 号借款费用	★		
18	第 18 号所得税	★		
19	第 19 号外币折算	★		
20	第 20 号企业合并	★		
21	第 21 号租赁			★
22	第 22 号金融工具确认和计量			★
23	第 23 号金融资产转移			★
24	第 24 号套期保值			★
25	第 25 号原保险合同			★
26	第 26 号再保险合同			★
27	第 27 号石油天然气开采		★	
28	第 28 号会计政策、会计估计变更和差错更正	★		
29	第 29 号资产负债表日后事项	★		
30	第 30 号财务报表列报	★		
31	第 31 号现金流量表	★		
32	第 32 号中期财务报告	★		
33	第 33 号合并财务报表	★		
34	第 34 号每股收益	★		
35	第 35 号分部报告	★		
36	第 36 号关联方披露	★		
37	第 37 号金融工具列报			★
38	第 38 号首次执行企业会计准则	★		

（3）企业会计准则——应用指南。应用指南共计31项，并附录《会计科目和主要账务处理》，如表4-2所示。

表4-2 应用指南

序号	指南名称
1	《企业会计准则第1号——存货》应用指南
2	《企业会计准则第2号——长期股权投资》应用指南
3	《企业会计准则第3号——投资性房地产》应用指南
4	《企业会计准则第4号——固定资产》应用指南
5	《企业会计准则第5号——生物资产》应用指南
6	《企业会计准则第6号——无形资产》应用指南
7	《企业会计准则第7号——非货币性资产交换》应用指南
8	《企业会计准则第8号——资产减值》应用指南
9	《企业会计准则第9号——职工薪酬》应用指南
10	《企业会计准则第10号——企业年金基金》应用指南
11	《企业会计准则第11号——股份支付》应用指南
12	《企业会计准则第12号——债务重组》应用指南
13	《企业会计准则第13号——或有事项》应用指南
14	《企业会计准则第14号——收入》应用指南
15	《企业会计准则第16号——政府补助》应用指南
16	《企业会计准则第17号——借款费用》应用指南
17	《企业会计准则第18号——所得税》应用指南
18	《企业会计准则第19号——外币折算》应用指南
19	《企业会计准则第20号——企业合并》应用指南
20	《企业会计准则第21号——租赁》应用指南
21	《企业会计准则第22号——金融工具确认和计量》应用指南
22	《企业会计准则第23号——金融资产转移》应用指南
23	《企业会计准则第24号——套期保值》应用指南
24	《企业会计准则第27号——石油天然气开采》应用指南
25	《企业会计准则第28号——会计政策、会计估计变更和会计差错更正》应用指南
26	《企业会计准则第30号——财务报表列报》应用指南
27	《企业会计准则第31号——现金流量表》应用指南
28	《企业会计准则第33号——合并财务报表》应用指南
29	《企业会计准则第34号——每股收益》应用指南

续表

序号	指南名称
30	《企业会计准则第35号——分部报告》应用指南
31	《企业会计准则第37号——金融工具列报》应用指南

对于《企业会计准则第15号——建造合同》《企业会计准则第25号——原保险合同》《企业会计准则第26号——再保险合同》《企业会计准则第29号——资产负债表日后事项》《企业会计准则第32号——中期财务报告》《企业会计准则第36号——关联方披露》《企业会计准则第38号——首次执行企业会计准则》等7项具体准则，财政部未发布应用指南。

(4) 一个应用指南：会计准则应用指南是根据基本准则和具体准则制定的，指导会计实务的操作的细则。主要解决在运用会计准则处理经济业务时所涉及的会计科目、账务处理、会计报表及其格式及其编制说明，类似于以前的会计制度。由于金融企业的会计业务与其他企业的会计业务存在较大的差别，因此将出来的会计准则应用指南包括金融企业的会计科目、会计报表和非金融企业的会计科目、会计报表。

(5) 未包括的内容通过"问题解答"逐步解决。

4.3.2 新会计准则的构成体系

(1) 从层次上看，第一层次，统领驾驭的基本准则；第二层次，针对性强的具体准则；第三层次，操作性强的应用指南。

(2) 从类别上看，有普遍适用的一般业务准则；有兼顾特色的特殊行业准则；有规范财务报告的报告准则。

(3) 从项目上看，有横跨工商、金融、保险、农业等众多领域的准则；有覆盖各类企业的各种业务准则；有结合市场经济的新型经济业务准则。

4.4 我国会计准则与国际会计准则内容比较

4.4.1 我国会计准则向国际会计准则趋同的文献研究

我国在会计准则趋同问题上，学者们认为我国应该结合自身的实际情况，对会计准则的国际趋同战略做出恰当的选取，充分展现我国作为新兴经济体的主导国和全球最大的发展中国家的风采。采用"趋同"模式既符合我国实际国情的理智决策，又能灵活应对当今国际局势的发展。在正确的政策引导下，我们要顺从并适应会计准则国际趋同的发展趋势，踊跃且深入地参与 IAS 的修改和制订工作，通过进一步完善 CAS 体系，维护好我国国家和企业的利益，提高其在国际上的综合竞争力。

盖地（2001）最早针对我国的会计准则趋同化提出了自己的观点和看法，认为实现中国的会计准则和世界接轨是一个长期而艰巨的过程，可以说这是一场通过限制、包容差异最终达到一致的博弈，应针对中国历史和现实国情制定出符合于我国实际国情的会计准则体系。

武茜（2013）认为全球会计准则的国际趋同态势必然会对我国经济业务以及财务产生重大影响，但中国会计准则应在考虑中国特色的基础上实现与国际会计准则的趋同。即"趋同是方向，是进步，趋同也是协调的进一步变化，但是趋同不代表等于全同，趋同是改革新的起点也是一种互动"。

曲晓辉（2016）提出在积极探索会计准则国际趋同的过程中，发现会计准则国际趋同对很多方面产生了影响，如在财务报告方面，国际趋同影响了财务报表结构和比率的变化及规律；对会计职业者提出了更多的职业判断；对独立审计产生了更人的职业风险。而在信息管理方面，国际趋同扩大了盈余管理空间；也会使法规制度需要频繁适应和变更会计准则的变化；监管机制在适应时同样会遇到困难；公司治理更为复杂和艰难；甚至国际趋同将给会计教育提出挑战，须在会计教育中注入 IASB 的思路和 IFRS 的内容，同时也给了学术研究者更多的选题和研究机会，会计理论发展架构可能颠覆。

张丽丽（2015）在研究中指出 2007 年后在会计信息质量、资本成本等方面产生了很大影响。我国新会计准则实现了实质性趋同，会计信息质量得到了提高，减少了信息不对称情况，并促使资本成本降低。

冯淑萍（2004）指出如何制订 CAS 由我国的市场经济所决定。我国按部就班地进行经济体制改革，因此 CAS 与 IAS 的持续趋同过程也要循序渐进，不可爆发式地引进，就我国的特殊国情来说，全部采纳 IAS 也是不切合实际的。随着越来越多的国家开始认可并接纳 IAS，中国应当把握这一时机，考虑我国实际国情的同时不要一味强调中国特色，在发展 CAS 与 IAS 持续趋同的道路中应该有所让步，采取国际化策略。

王军（2006）指出各国具体会计准则与 IAS 之间的国际趋同是世界局势的发展趋向，是当今世界顺应时代要求的产物，绝非偶然而是有着其必然性，我国在实现 CAS 与 IAS 的国际趋同时要明白趋同是相互了解、相互协调的互动过程，趋同是方向，是协调的进一步深化。

财政部会计司对外发布了关于上市公司执行 CAS 情况所做的分析报告，报告中指出：我国采用的是"趋同"模式，而不是"直接采用"模式，国际会计准则在公允价值计量及金融资产重分类等方面做出的修改，我国将不会跟随调整。

4.4.2 我国会计准则与国际会计准则内容比较

（1）财务报表框架方面（见表 4-3）。

表 4-3　我国会计准则与国际会计准则财务报表框架比较

项目	我国会计准则 CAS	国际会计准则 IFRS
名称	企业会计准则第××号——基本准则	编报财务报表的框架
法律地位	中国的基本准则是会计准则体系的有机组成部分，它属于部门规章范畴，是一项法律规范	不属于会计准则的组成部分，没有法律效力
目的	规范具体会计准则的制定以及没有具体会计准则规范的交易或者事项的会计处理	为外部使用者编制和呈报财务报表所依据的概念
结构	分为总则、会计信息质量要求、资产、负债、所有者权益、收入、费用、利润、财务报告、附则共十章	分为前言、引言、财务报表的目标、基本假设、财务报表的质量特征、财务报表的要素、财务报表要素的确认、财务报表要素的计量、资本和资本保全的概念等九部分组成
财务报表的目标	财务会计报告的目标是向财务会计报告使用者提供与企业财务状况、经营成果和现金流量等有关的会计信息，反映企业管理层受托责任履行情况，有助于财务会计报告使用者作出经济决策	财务报表的目标是提供在经济决策中有助于一系列使用者的关于企业财务状况、经营业绩和财务状况变动的信息。为此目的编制的财务报表，能够满足大多数使用者的共同需要
基本假设	会计主体、会计分期、货币计量和持续经营的假设	"权责发生制"和"持续经营"的假设，未涉及其他的会计基本假设

续表

项目	我国会计准则 CAS	国际会计准则 IFRS
财务报表的质量特征	相关性、可理解性、真实可靠性、可比性、完整性、重要性、谨慎性、及时性和实质重于形式	有三层次：主要质量特征、次一级的质量特征和制约因素的体系。主要的质量特征包括四个可理解性、相关性、可靠性和可比性。重要性是相关性的次一级质量特征，可靠性的次一级质量特征包括真实反映、实质重于形式、中立性、审慎和完整性。IFRS 的概念框架还进一步阐述了财务报表质量特征的相关和可靠信息的制约因素，包括及时性、效益和成本之间的平衡和各质量特征之间的平衡
财务报表的要素	资产、负债、所有者权益、收入、费用和利润。从会计要素的具体内容看，我国与国际会计准则基本相同	资产、负债、权益、收益和费用。国际会计准则认为利润是收益和费用的差额，没有必要设立专门"利润"会计要素
财务报表要素的计量	企业的各种资产和负债在取得时应当按照实际成本计量。除法律、行政法规和会计准则允许采用重置成本、可变现净值和公允价值等计量外，企业一律不得自行调整其账面价值	为了在资产负债表和收益表中确认和列示有关财务报表的要素而确定其货币金额的过程；讨论了历史成本、现行成本、可变现价值和现值等 4 种计量基础
资本与资本保全的概念	未做规定	企业应根据财务报表使用者的需要，选择适当的资本概念。如果财务报表的使用者主要关心的是保全名义上的投入资本或投入资本的购买力，应采用资本的财务概念；如果使用者主要关心的是企业的营运能力，则应采用资本的实物概念
财务报表要素的计量属性	历史成本、重置成本、可变现净值、现值和公允价值	历史成本、现行成本、可变现价值（结算价值）和现值

注：参照厦门大学杜兴强教授资料。

(2) 会计处理方面比较（见表 4-4）。

两者在会计处理方面上的 10 项主要差异包括固定资产采购计价、借款费用资本化、非货币性交易、短期投资、长期投资商誉、研究与开发费用、开办费、资产类政府补助、债务重组、所得税。

表 4-4　　我国会计准则与国际会计准则在会计处理方面比较

差异内容	中国会计准则	国际会计准则
固定资产采购计价	固定资产一般以其历史成本或净值计价。对改变折旧方法作为会计政策变更	固定资产计价应当考虑公允价值的影响,包括资产重估和折现的影响。对改变折旧方法作为会计估计变更
借款费用资本化	为购建固定资产的专门借款所发生的借款费用,在符合资本化条件时予以资本化,直至资产达到预定可使用状态。资本化金额=借款利息+辅助费用和汇兑差额	用于构建资产的一般性借款符合条件可以资本化。资本化金额=所有专门借款费用-暂时投资收入
非货币性交易	非货币性交易中换入的资产应按换出资产的账面价值加相关税费入账	区分了同类和非同类的资产互换,规定非货币性交易换入的同类资产按换出资产价值加相关税费入账,而不同类的资产交换按收到资产的公允价值计量,损益=换出资产账面价值-换入资产公允价值
短期投资	按成本与市价孰低计量,仅对跌价损失计入损益	按公允价值计量,对市价与成本的盈利或损失变动都计入损益
长期投资商誉	股权投资以投资成本计价,债权投资以成本,贷项计入资本公积	持有至到期日债务证券的投资以成本,按取得的可辨认应折旧/摊销资产的加权平均剩余年限摊销,如负商誉超过公允价值,超过部分立刻确认为收益
无形资产研究与开发费用	直接计入当期损益,不得资本化,只有为依法申请取得的自行开发无形资产而发生如注册费、律师等费用才能资本化	在其发生时确认为费用,开发支出符合一定条件时才确认为无形资产
开办费	先在长期待摊费用中归集,待企业开始生产经营当月起一次计入开始生产经营当月的损益	发生当期确认为费用
资产类政府补助	企业按销量或工作量等,依据国家规定的补助定额计算并按期给予的定额补贴,应于期末按应收的补贴金额计入补贴收入	与资产相关的政府补助列为递延收益,在资产的使用寿命内有系统并合理地确认为收益
债务重组	按重组债权账面价值作为受让非现金资产的入账价值,重组利得不能确认为收益,而为资本公积	按公允价值作为受让非现金资产的入账价值,公允价值与重组债权账面价值差额计入损益
所得税	采用应付税款法或纳税影响会计法。应付税款法按当期计算的应交所得税确认为当期所得税费用。纳税影响会计法需确认时间性差异对所得税的影响,并采用递延法或损益表负债法	采用纳税影响会计法,即确认时间性差异对所得税的影响,并采用资产负债表负债法

(3) 在内容上比较 (见表 4-5)。

表 4-5　　　　我国会计准则与国际会计准则内容比较

我国会计准则	国际会计准则	不同点
《企业会计准则第30号——财务报表列报》	IAS1《财务报表的列报》	1) 我国没有对财务报表目的的表述。 2) 报表组成中名称不同。 3) 国际报表有公允列报概念。我国没有。 4) IAS1 金融资产和金融负债有准备项目。我国没有。 5) 在利润表中 IAS1 规定费用可以按性质分类也可以按功能分类。我国只能按功能分。 6) 权益变动表: IAS1 强调要单独列示归属于母公司权益和归属于少数股东权益的收益和费用总额。我国准则没有涉及这一要求。 7) 附注: IAS1 要求在其他披露中包括对非财务信息披露。我国没有
《企业会计准则第31号——现金流量表》	IAS7《现金流量表》	1) IAS7 规定现金和现金等价物包含银行透支。我国不包含。 2) IAS7 编织方法有直接法和间接法。我国采用直接法。 3) IAS7 收到和支付的股利和利息可以归入经营活动、投资活动或筹资活动,并保持一贯性。我国规定对支付的股利和利息归为筹资活动现金流量,对收到的股利和利息归为投资活动现金流量。 4) IAS7 规定所得税的现金流量应单独披露并应归类为经营业务的现金流量,能具体确认其源于筹资和投资业务。我国规定经营活动流出的现金包括支付的各项税费,将与所得税有关的现包括支付的各项税费,将与所得税有关的现金流量归为经营活动现金流量。 5) 16 条规定"如果一项合同按对某一认定状况的套期保值进行核算,该合同的进行核算现金流量应以同样的方式归类为被套期保值"。我国没有
《企业会计准则第36号——关联方披露》	IAS24《关联方披露》	1) IAS24 规定同受国家控制的企业属于关联方。我国准则规定仅仅同受国家控制而不存在其他关联关系的企业不构成关联方;同受共同控制或重大影响的两方是关联方;企业与主要投资者个人之间的关系是关联方。 2) IAS24 规定主体及关联方的雇员离职后的福利计划构成关联方的内容。我国没有。 3) IAS24 修订后取消了关联方交易定价政策的披露要求。我国保留
《企业会计准则第1号——存货》	IAS2《存货》	1) 二者对存货正本和可变现净值有不同规定。IAS2 对公允价值做了规定,我国没有。 2) IAS2 要求披露以公允价值减去出售费用后的余额来反映存货的账面金额。我国没有

续表

我国会计准则	国际会计准则	不同点
《企业会计准则第15号——建造合同》	IAS11《建造合同》	1）IAS11规定在某些情况下固定造价合同可以附有成本上升的条款。我国没有。 2）IAS11规定合同收入应按已收入或应收价款的公允价值计量。我国没有。 3）IAS11规定合同成本比我国的规定更详细完备。 4）IAS11规定对合同收入和合同成本或对合同结果估计变更的影响，应作为会计估计变更进行核算。在发生变化时应在变化的当期及随后的期间内按变化后的估计数在收益表中确认收入和费用。我国没有。 5）在披露方面 IAS11要求披露的内容和信息更多
《企业会计准则第18号——所得税》	IAS12《所得税》	在确认和披露上 IAS12更详细
《企业会计准则第44号——固定资产》	IAS16《固定资产》	1）适用范围上 IAS16更详细。 2）在确认我国规定固定资产的各组成部分具有不同使用寿命或者以不同方式为企业提供经济利益，适用不同折旧率或折旧方法应当分别将各组成部分确认为单项固定资产。IAS16没有。 3）在初始计量上我国准则规定以一笔款项购入多项没有单独标价的固定资产，应当按照各项固定资产公允价值比例对总成本进行分配，分别确定各项固定资产的成本。IAS16没有。 4）在后续计量上我国与 IAS16在会计政策选择、应计折旧额概念的界定、减值补偿有很大差异。 5）在处置上二者对于终止确认产生的利得或损失的确定不同。 6）折旧方法上我国年限平均分、工作量法、双倍余额递减法、年数总和法。IAS16 直线法、工作量法、余额递减法。 7）在披露的内容二者有不同
《企业会计准则第14号——收入》	IAS18《收入》	1）在准则范围方面二者存在不同。 2）在计量上 IAS18规定收入应按已收或应收对价的公允价值计量，并就公允价值的确定作了说明。我国准则单独就收入计量作了规定，而且是区分不同的收入计量方面作了规定。 3）在交易的区分上 IAS18规定在某些情况下，交易可以区分为不同的组成部分。我国没有。 4）在销售商品收入方面我国准则规定企业应当按照从购货方已收或应收的合同或协议价款确定。IAS18规定收入应已收或应收对价的公允价值计量。 5）在提供劳务收入方面而我国准则规定企业应当按照从接受劳务方已收或应收的合同或协议价款确定。但已收或应收的合同或协议价款不公允的除外。IAS18要求劳务收入应按已收或应收对价的公允价值计量。 6）在现金折扣核算方法上我国准则采用总价法。IAS18采用净价法

续表

我国会计准则	国际会计准则	不同点
《企业会计准则第 6 号——无形资产》	IAS38《无形资产》	1）在计量上我国按照合同或协议上规定的价值记账。IAS38 按照公允价值记账。 2）合并中我国按照合并确认的新的资产记账。IAS38 按照公允价值记账

（4）中国具体会计准则与国际会计准则的差异比较（见表 4-6）。

表 4-6 中国具体会计准则与国际会计准则的差异比较

项目	我国会计准则	国际会计准则
存货	存货的确认：须满足两个条件①该存货有关的经济利益很可能流入企业。②该存货的成本能够可靠地计量。 存货的初始计量：应当按照成本进行初始计量。 存货的初始成本：采用"总价法"，即扣除商业折扣后的价格（但包含现金折扣）。 存货的采购费用：对于商业企业的采购费用作为期间费用，不计入存货的成本	IAS2 没有规定相关的确认条件。 存货的初始计量没有明确的规定。 采用"净价法"，即扣除商业折扣和现金折扣后的价格。 采购费用明确规定应当计入存货的成本
投资性房地产	投资性房地产的范围：不包括：①融资租赁租入的房地产；②以经营租赁方式租入后租的房地产。 投资性房地产的后续支出：首选"成本模式"，公允计价法次之；即：应当在资产负债表日采用"成本"模式进行后续计量，但如果有确凿证据表明公允价值能够持续可靠地取得的，可以采用公允价值进行后续计量。 将投资性房地产从成本计价法转换为按公允价值计价法时：①转换当日的公允价值小于原账面价值的，其差额计入当期损益；②转换当日的公允价值大于原账面价值的，其差额计入所有者权益	IAS40 包括：①以融资租赁方式租入的房地产；②以经营租赁方式长期租入的后又转租以赚取租金的房地产。首选"公允价值计价模式"，成本计价模式作为备选方法。企业应将转换当日的公允价值和原账面价值之间的任何差额确认为当期损益
固定资产	初始计量的构成：外购的固定资产的成本包括：购买价款、相关税费、使固定资产达到预定可使用状态前所发生的可归属于该项固定资产的运输费、装卸费、安装费和专业人员的服务费等。不包括估计资产拆卸、搬移费和场地清理费。 当固定资产按规定允许重估价值时：若发生重估增值，记入所有者权益中的"资本公积"。 固定资产减值：比照《企业会计准则第 8 号——资产减值》处理：资产减值损失一经确认，在以后会计期间不得转回	IAS16 规定不动产、厂房和设备项目的成本包括购买价格，进口关税和不能返还的购货税款，以及为使该项资产达到预定使用状态所需要支付的直接可归属成本。包括场地整理费、初始运费和装卸费、安装费、专业人员服务费和估计资产拆卸、搬移费及场地清理费。 若发生重估增值，增值部分应当记入股东权益中的"重估价盈余"项目。 根据 IAS16、IAS36 和解释公告第 14 号，允许固定资产减值的转回

续表

项目	我国会计准则	国际会计准则
生物资产	计量模式：规定生物资产应当按照"成本模式"进行计量。 对生物资产的分类：我国会计准则把生物资产分为三类：①消耗性生物资产，②生产性生物资产和③公益性生物资产。 生物资产减值：可按可收回金额低于账面价值的差额计提减值准备，一经计提以后不得转回	规定生物资产的计量应当采用公允价值模式（除生物资产的初始计量外），企业一旦使用公允价值计价，应持续使用该方法直至处置该生物资产。 生物资产分为两类：①消耗性生物资产和②生产性生物资产。 生物资产减值：当记提减值准备的客观因素改变后，可收回金额上升时，已记提的减值准备可以转回
非货币性资产交换	我国对非货币性资产交换制定有专门的会计准则——企业会计准则第7号。 非货币性资产交换的损益确认：①按照换出资产的账面价值和应当支付的相关税费作为换入资产的成本，发生补价的，不确认损益。②按照公允价值与其账面价值之间的差额，直接记入当期损益	国际会计准则没有单独制定该项会计准则，而是散见于各会计准则中。 国际会计准则规定，商品和劳务用于交换具有类似性质的商品和劳务是，由于价值没有实现，盈利过程尚没有最终完成，不确定交易的损益
收入	关于收入的计量：企业应当按照从购货方已收或应收的合同或协议价款确定销售商品收入金额，但价款不公允的除外。①如果收入的名义金额与公允价值差额较小的，可按名义金额计量；②收入的名义金额与公允价值差额较大的，应当按公允价值计量。 销售的商品和劳务是用于交换不同的商品和劳务时：我国会计准则不允许确认收入。 关于提供劳务收入的确认：①完工百分比法。②对于如果特定时期内提供的劳务的作业量不能确定，能否按直线法确认收入，我国会计准则没有相应的规定	IAS18 规定：收入应当按照其已收或者应收对价的公允价值计量。交易同样具有商业性质，应当确认收入。只有当交换的是具有相似性质和价值相等的商品和劳务时，不确认收入。根据交易的完成阶段加以确认，与我国相同。 IAS18 号第 25 条规定"在实务中，如果特定时期内提供劳务的作业量不能确定，则该期间的收入应采用直线法确认，除非有证据说明其他方法能更好地反映完工程度"
租赁	关于土地的租赁：在我国，土地属国家所有，土地使用权有无形资产准则规范，我国的租赁准则中不涉及土地的租赁。 出租人的初始直接费用：我国会计准则第21号——租赁第27条规定"出租人发生的初始直接费用，应当记入当期损益。"	IAS17 号第 11 条规定"土地和建筑物的租赁，同其他资产的租赁一样，应归类为经营租赁或融资租赁"，国际会计准则的租赁准则的范围包括土地。 ①融资租赁：出租人发生的可以直接归属于承租人的为形成融资租赁所发生的

续表

项目	我国会计准则	国际会计准则
租赁	售后租回交易： ①如果售后租回交易形成的是一项融资租赁，售价和资产账面价值之间的差额应当予以递延（这与IAS的规定基本相同），但是要求按照该项租赁资产的折旧进度进行分摊，作为折旧费用的调整。 ②如果售后租回形成的是一项经营租赁，售价和资产账面价值之间的差额应当予以递延，并在租赁期间内按照与确认租金费用相一致的方法进行分摊，作为租金费用的调整。（如果有确凿证据表明该项交易是按照公允价值达成的，则该差额记入当期损益）。 租赁承诺的披露：应披露资产负债表日后连续3个年度每年将支付的最低付款额和以后年度的最低付款额的总额	初始之际的费用，可以在初始直接费用发生时确认为当期费用，记入损益；也可以在租赁期内分摊，与融资收益配比。 ②经营租赁：出租人为赚取租金收入而发生的初始直接费用，可以递延按照租金的确认比例，在租赁期间内分摊；也可以在费用发生时直接确认为当期费用，记入当期损益。 售后租回交易： ①如果售后租回交易形成的是一项融资租赁，销售收入超过账面价值的部分，应将期递延并分摊于整个租赁期。 ②如果售后租回形成的是一项经营租赁，如果是按照公允价值达成交易的，利润或损失应立即确认。否则，在租赁期内分摊。 国际会计准则要求披露不超过1年的金额、超过1年但不超过5年的金额和超过5年的金额
金融工具确认和计量	我国会计准则第22号规定，本准则的主体是企业。 金融工具的确认：当我国企业成为金融工具合同的一方时，应当确认一项金融资产或金融负债	IAS39号（金融工具：确认和计量）认为该准则的主体包括企业、政府机构、个人、信托等，适用的主体范围比我国广。 国际会计准则规定，当企业成为金融工具合同条款的一方时，主体才确认一项金融资产或金融负债
再保险合同	分出业务的会计处理：要求再保险的分出人应当在确认原保险合同保费收入的当前，按照相关再保险合同的约定，计算确定分出保费和应当向再保险接受人摊回的分保费用，记入当期损益。 分出业务的列报：我国会计准则第26号只规定要求在利润表中单独列示分出保费、摊回的赔款和手续费，不要求在资产负债表中列报分出业务相关的责任	IFRS4号对分出业务的会计处理没有明确的规定。 国际会计准则要求单独列报分出业务的收支和产生的相关债权债务

续表

项目	我国会计准则	国际会计准则
石油天然气开采	我国在核算方面采用的是"成果法",即只有在发现探明存在经济可采储量的前提下,勘探支出才予以资本化,其他的勘探支出计入当期费用	国际会计准则没有对石油天然气开采制定专门的会计准则加以规范,而是在《国际财务报告准则第6号——矿产资源的勘探和评价》进行规范。对石油天然气的勘探支出有两种会计处理方法:"成果法"和"完全成本法",完全成本法指全部的勘探支出都予以资本化
会计政策、会计估计和差错更正	会计估计的会计处理方法:未来适用法,会计估计变更的影响应在变更的当期或未来期间予以确认。 会计差错更正: ①我国会计准则称为"前期差错"。 ②会计差错的更正处理方法:追溯重述法(但确定前期差错累计影响数不切实可行的除外)。 会计政策变更的会计处理方法:应当采用追溯调整法处理(但确定该项会计政策变更累计影响数不切实可行的除外)。 会计政策变更在报表上披露的内容 我国会计准则要求在报表附注中披露: ①会计政策变更的性质、内容和原因。 ②当期和各个列报前期财务报表中受影响的项目名称和调整金额。 ③无法进行追溯调整调整的,说明该事实和原因以及开始应用变更后的会计政策的时点和具体的应用情况	国际会计准则与我国会计准则在会计估计的会计处理方法上基本一致,也是采用未来适用法。 ①国际会计准则称为"重大差错"。 ②国际会计准则采用两种方法:追溯调整法和备选法,但是推荐采用追溯调整法。国际会计准则给企业自主选择会计处理方法的自由空间比较大。 国际会计准则采用两种办法追溯调整法和备选方法,但是推荐采用追溯调整法。 国际会计准则要求披露的内容比我国会计准则要求的多。 在采用追溯调整法下要求披露: ①会计政策变更的原因。 ②当期的以及所列报各期的调整金额。 ③与包含比较信息的那些期间的前期相关的调整金额。 ④比较信息已经被重新表述,或者重编比较信息不可行的事实。 在采用备选方法下要求披露: ①会计政策变更的原因。 ②在当期净损益中确认的调整金额。 ③包括在比较信息中的各期间的调整金额,以及包含在报表中的与前期相关的调整金额
资产负债表日后事项	我国此次修订大新准则基本上是参照IAS的规定进行的,与国际会计准则基本相同,只存在较小差异: ①资产负债表日后的调整事项包括资产负债表日后发现的财务报表舞弊或差错。 ②披露方面,我国会计准则多规定了一项"每项重要的资产负债表日后非调整事项的性质、内容、及其对财务状况和经营成果的影响。无法作出估计的,应当说明原因"	IAS10号规定反映资产负债表日后的调整事项包括"表明财务报表不正确的欺诈或差错的发现"

续表

项目	我国会计准则	国际会计准则
财务报表列报	关于"营业外收支"（非常项目）按照我国2006年新修订的会计准则第30号第4章规定，取消了利润表中的"营业外收入"和"营业外支出"两个项目的列报，改成了按其中的大项目列报披露，新设了"非流动资产处置损益"等项目。 我国的利润表的列示方法只有一种，类似于国际会计准则中的"功能法"把费用按照其功能进行划分为营业成本、营业税金、管理费用、销售费用和财务费用等	IAS1号收益表规定收益表应单独反映与企业正常营业无关的"非常项目"。 IAS1号规定费用项目在收益表中可以按照"费用性质法"和"功能分类法"（也叫"销售成本法"）中的一种来列示。其中费用性质法把费用按照其性质划分为折旧费、原材料购买成本、运输费用、工资和薪金、广告费用等在收益表中列示反映
现金流量表	现金和现金等价物的范围：我国会计准则中所定义的现金和现金等价物不包括"银行透支"。 现金流量的分类： ①收到股利；投资活动。 ②支付股利；筹资活动。 ③收到利息；投资活动。 ④支付利息；筹资活动。 现金流量表的编制方法：我国会计准则规定应当采用"直接法"列示经营活动产生的现金流量。 不涉及现金的投资和筹资活动：我国会计准则的31号第18条规定"企业应当在附注中披露不涉及当期现金收支、但影响企业财务状况或未来可能影响企业现金流量的重大投资和筹资活动。" 关于"所得税"：我国会计准则第31号第三章第10条规定，支付的各项税费属于经营活动产生的现金流量，与所得税相关的现金支出归为经营活动	IAS7号第8条规定"银行透支应包括在现金和现金等价物范围内"。 ①收到股利；经营活动或者投资活动。 ②支付股利；经营活动或者筹资活动。 ③收到利息；经营活动或者投资活动。 ④支付利息；经营活动或者筹资活动。 IAS7号第18条规定："企业应该用直接法或者间接法报告来自企业经营活动我现金流量"，但IAS7号第19条鼓励企业采用直接法报告经营活动产生的现金流量，间接法作为备选方法，相对我国规定IAS多一种备选方法。 IAS7号第43条规定，不需要使用现金或现金等价物的投资活动和筹资活动不应包括在现金流量表中。这些交易应在其他财务报表中披露，以提供所有关于这些投资活动和筹资活动的相关信息。 IAS7号第35条规定，与所得税有关的现金流量应单独反映，缴纳的所得税常常划归为经营活动现金流量。但是，缴纳的所得税如果属于特定的投资活动或者筹资活动，那么缴纳所得税现金流量应划归投资活动或筹资活动
中期财务报告	中期财务报表的完整程度："我国会计准则第32号第3条明确规定"中期资产负债表、利润表和现金流量表应当是完整报表。"	IAS34号第4条对中期财务报表的定义与我国有所不同，既可以是一套完整的财务报表，也可以是一套简明的财务报表

续表

项目	我国会计准则	国际会计准则
每股收益	我国的每股收益会计准则比国际会计准则的规定要简单： ①对企业合并及子公司、合营企业或者联营企业作为对价发行的普通股对每股收益计算的影响没有涉及。 ②关于配股：我国会计准则将配股视同发行新股处理。 ③不必披露有关反稀释的影响	IAS33号的32条规定，子公司、合营企业或者联营企业发行可能转换成上述企业（或报告企业）的普通股的潜在普通股，如果潜在普通股对报告企业的每股收益具有稀释影响，这些潜在普通股应包括在每股收益的计算中。 IAS33号第21条和第23条对配股有专门规定。配股的价格通常低于该普通股的公允价值，所以配股中含有红股成分，计算每股收益时要调整用于计算每股收益的普通股数量，即配股前发行在外的普通股数量乘以一个系数：最接近行使配股权时的每股公允价值/推定的不含配股权的每股公允价值。 IAS33号第40、41条对潜在普通股具有反稀释性时，规定"具反稀释性的潜在普通股的影响在计算稀释的每股收益时不予考虑"，在考虑潜在普通股具有的是稀释性还是反稀释性时，潜在普通股的每次发行或一系列发行应该单独反映
分部报告	与国际会计准则在总体框架、内容方面基本相同	
金融工具列报	与国际会计准则在总体框架、内容方面基本相同。我国对具有多重嵌入衍生工具的复合金融工具的披露无相关规定	IAS32规定对具有多重嵌入衍生工具的复合金融工具，企业应当对其特征做出披露
长期股权投资	关于计量：我国会计准则分为两种情况： ①投资企业能够对被投资企业实施控制的、及对被投资企业不具有共同控制或重大影响的，采用"成本法"核算。 ②投资企业对被投资企业具有共同控制或重大影响的，采用"权益法"核算。 披露：我国会计准则要求披露以下情况：子公司、合营企业和联营企业的清单，包括名称、注册地、业务性质、投资企业的持股比例和表决权比例；合营企业和联营企业当期的主要财务信息；被投资企业转移资金受限制的情况；当期及累计未确认的投资损失金额；投资相关的或有负债	IAS28规定，如果投资者直接或间接拥有被投资者20%或以上的表决权，则认为有重大影响。有重大影响且不是子公司或合营企业，则构成联营企业。对联营企业应当采用"权益法"核算，但也有豁免采用权益法的条件： ①购入和持有投资只是为了随后在近期内处置。 ②联营企业在严格的长期性限制下经营，从而大大消弱了项投资者转移资金的能力。 国际会计准则要求披露：重要的联营企业的名单以及说明；对联营企业投资采用的会计方法；记入投资收益的各项重要金额

续表

项目	我国会计准则	国际会计准则
企业年金基金	我国要求设定年金提存计划。 会计处理方面：企业的年金基金作为单独的企业主体进行会计处理，要求以公允价值计量	IAS26 要求设定年金设定计划和受益计划。 国际会计准则对提存企业年金计划的会计处理比较简单，不涉及精算假设
套期保值	我国有专门的《套期保值》会计准则，是参考国际会计准则相关规定进行制定的	国际会计准则没有就套期保值制定专门的会计准则，而是放在《金融工具确认和计量》准则中进行规范。当金融工具具有除了报告企业外的其他合同方时，该金融工具才可以确认为套期保值工具，我国对此则没有明确规范

通过列表对比我们可以看出，我国会计准则与国际会计准则还是有差距的，主要在如下几个方面。

第一，固定资产。

①固定资产准则的比较。

《中国会计准则——固定资产》（CAS-4）与《国际财务报告准则——不动产、厂房及设备》（IAS-16）规定的范围基本相同。二者规定的适用对象上有一定差异，《中国会计准则——固定资产》适用对象是"不包括作为投资性生产性生物资产和房地产的建筑物"，《国际财务报告准则——不动产、厂房及设备》适用对象中不包括：其一，持有待售的不动产、厂房和设备（属于《国际财务报告准则——持有待售的非流动资产和终止经营》（IFRS-16））；其二，森林等类似的自然资源；其三，矿产、石油、天然气。

②固定资产定义和确认的比较。

《中国会计准则——固定资产》定义要同时具备 3 个特征的有形资产：其一，为生产商品、提供劳务、出租或经营管理而持有的；其二，使用年限超过一年；其三，单位价值较高。《国际财务报告准则——不动产、厂房及设备》中不动产、厂房和设备的定义指符合下列 2 个条件的有形资产：其一，企业为了在生产或供应商品或劳务时使用，出租给其他人，或为了管理的目的而持有；其二，预期能在不止一个期间内使用。《国际财务报告准则——不动产、厂房及设备》中没有给出固定资产的具体使用年限、类别和价值标准，但是规定固定资产的使用期限应超过一个经营周期或会计期间。我国对固定资产的确认更清晰、更明确。

③固定资产折旧计算。

其一，折旧范围。在折旧计算方面，我国固定资产准则明确规定除了具体规定（单独计价作为固定资产入账的土地；处于更新改造过程中的固定资产）之外都要计提折旧，未使用的机器设备、仪器仪表、运输工具、工具器具、季节性停用也要计提折旧。企业在收货的第二个月开始应对所有固定资产计提折旧。国际会计准则要求按照在固定资产成本中所占比例的大小，将各主要组成部分分别折旧。

其二，固定资产折旧方法。国际会计准则采用的折旧方法余额递减法、工作量法和直线法。中国会计准则允许采用的折旧方法较多，如有双倍余额递减法、年数总和法、工作量法和年限平均法。我国会计准则折旧方法上有利于企业根据与固定资产有关的经济利益的预期的实现方式合理选择折旧方法。

其三，固定资产折旧时间。减少或增加的固定资产应从何时开始停止或开始计提折旧，国际会计准则没有给出明确的规定。中国固定资产准则要求：当月增加的固定资产，当月不计提折旧，从下月起计提折旧；而当月减少的固定资产，减少的当月仍计提折旧，从减少的下月起不计提折旧。中国固定资产折旧时间规定更有利于折旧的计算以及实际操作。

④期末计量比较。

由于中国国情和市场发展状况不同，故我国固定资产准则和IAS16在固定资产期末计量存在较大的不同。在中国会计准则中，固定资产成本的计量以历史成本为主，它注重的是固定资产的账面价值。然而在国际会计准则IAS16里规定，企业应选择成本模式计量或公允价值计算。成本模式却是指固定资产成本减去其累计折旧后的金额入账。公允价值模式是指按照当时市场价值重估后的金额予以入账，即按固定资产在重估日公允价值减去累计折旧后的金额入账。中国会计准则没有采用公允价值作为固定资产期末计量是要避免公允价值计量对在现行的资本市场和中国企业的不利影响，遵循的"谨慎性"原则，国际财务报告准则注重的是资产的真实性。

⑤减值转回处理比较。

国际会计准则中规定，商誉以外的资产减值损失转回而增加的资产账面金额，不应高于资产以前年度未确认减值损失的账面金额，但对是否能够将减值金额转回没有做出限制。中国会计准则中增加了对固定资产减值转回的限制，规定一旦固定资产减值损失经确认，在以后会计期间不得转回。中国会计准则固定资产减值不得转回的这种规定比国际财务报告准则更加具有严谨性，同时也确保了企业经营成果和企业财务状况更加真实可信，也规避了在中国一些企业经常利用资产减值进行操纵利润的现象，从而有效地保护了投资者的利益。

⑥后续支出比较。

中国会计准则和国际会计准则 IAS16 都规定在固定资产后续支出应当满足"相关的未来经济利益很可能流入且成本能够可靠计量。"中国会计准则中规定固定资产后续支出处理：与此固定资产相关的更新改造，符合资本化确认条件的，应当计入此固定资产成本，同时将此固定资产被替换部分的账面价值扣除；与修理有关的后续支出，应予以费用化，计入当期损益。国际会计准则 IAS16 要求不动产、厂房和设备的后续支出，确认为费用；与不动产、厂房和设备相关时，如果不动产、厂房和设备的公允价值与资产的账面价值相差较大的话，还应披露不动产、厂房和设备的公允价值，并鼓励主体披露这些金额等。

第二，增值税出口退税。

①增值税的特点。

增值税是对一般纳税人的商品或劳务增加价值部分在计算应纳税款时用销项税额中减去进项税额。增值税实行多环节征税，具有连续性，在商品、劳务的生产至销售的每一个环节都要课税。同一商品的税负不会因流转环节、其流转金额的变化而产生差异。增值税优惠政策和出口退税政策，只适用于中国会计准则下的计算。

②增值税出口退税。

对于一个企业既有内销又有出口的销售业务，出口产品的增值税采用免、抵、退的方式计算，是因为出口商品的销项税额免税，所以企业当期的销项税额只有体现内销货物的销项税额。计算公式：当期应纳增值税额＝当期内销货物的销项税额－（当期进项税额－当期免抵退税不得免征和抵扣税额）－上期留抵税额。

第三，存货的差异。

①存货准则框架的比较。

国际会计准则存货准则 IAS2 由目的、范围、定义、计量、确认为费用、披露、生效日期七个部分组成。中国会计准则由总则、确认、计量、披露四部分组成，也不包括建造合同以及消耗性生物资产，但我国并没有提出不包括金融工具。

②存货的范围。

IAS2 明确指出，存货不包括在建工程、金融工具、牲畜、农林产品、矿产品。我国只排除了在建工程、消耗性生物资产，将收获的农产品、金融工具均包括存货准则规制范围内，排除范围较窄，因此我国规定的存货范围较广。

③存货确认的比较。

我国会计准则对存货的确认计量条件是经济利益很可能流入企业和该成本能够可靠计量。在存货的确认标准上，我国明确规定了两条：其一，该存货包含的经济利益很可能流入企业；其二，该存货的成本能够可靠计量（IAS2 没有相关规定）。但这两点更多地可视之为对定义理论上的一个缺陷的补充。这两条标准实际上是在强调存货的资产特性。

④存货的计量。

我国会计准则存货的计量方法按成本与可变现净值中两者孰低来计量。存货的计量分成期初计量和资产负债表日期计量，对于存货成本的初始计量按照成本进行，这样的分开为了更能真实地反映存货的实际价值的优点。我国规定存货的初始计量应该以历史成本作为计量原则的核心。国际会计准则 IAS2 对存货的核算通常采用定期盘存制。根据国际会计准则设立一个"购买"账户。在购入存货时，先借记"购买"账户，期末转入"存货"账户。中国会计准则存货的核算方法则直接计入"库存商品"账户。存货计量在初始计量、存货结转、期末计价以及存货销售等方面国际会计准则与中国会计准则都有差异。IAS2 没有关于初始计量的规定，IAS2 要求存货以成本与可变现净值两者中较低者计量。相比较而言，IAS2 采用"成本与可变现净值"能保持存货计价方式的一贯性，但存货计量分别分为初始计量和期末计量两种不同计量基础，更能真实反映存货的实际价值。对于存货初始成本 IAS2 和我国关于存货的成本均包括采购成本、加工成本以及其他成本。计算采购成本对现金折扣的处理，IAS2 规定应从中扣除现金折扣，采用净价法。我国没有扣除折扣，采用总价法。理论上讲，净价法下确定的采购成本更为真实，总价法会使采购成本偏高。IAS2 还将以外币标价的存货产生的汇兑损益和借款费用包含于采购成本中，我国却未有规定，对借款费用资本化或费用化均有规定，但明确不计入存货成本。可见，我国规定较为规范，口径一致，便于管理。对加工成本和其他成本，各国准则基本一致。IAS2 将间接生产费用分为固定间接生产费用和变动间接生产费用。从内容上看，IAS2 对间接生产费用的定义，比我国存货准则中关于制造费用的内容要广泛。存货的期末计量当存货因毁损、变质、价格水平变动或者其他原因使产生未来经济利益的能力受到影响时，IAS2 规定了存货应按成本与可选择价值孰低计价。采用可变现净值做可选择价值。对期末计提存货跌价准备问题上，IAS2 规定以个别项目或者按项目确定为基础，只有按个别或项目不可行时，才按类别或组进行处理。我国情况与之基本一致。在存货跌价准备冲回问题上，我国新准则明确规定计提的跌价准备不在允许转回。IAS2 规定，在初始计量的每一个期间，均应对可变现净值重新估价。如果以前使存货减记至低于成本的条件不复存在，减记的金额应该予以恢复，新的账面余额应为成本与修正的可变现净值两者中较低者。

⑤存货计价方法的比较。

国际会计准则规定存货的采购成本由采购价格、其他相关及进口关税金，和用于购买材料、制成品、劳务的手续费、运输费和其他费用组成。可以在成本中扣除商业折扣、回扣和其他类似的项目。中国存货准则中规定确定发出存货的实际成本可以采用的方法有先进先出法、个别计价法、移动平均法、加权平均法、后进先出法等，企业可根据各类存货的实际情况进行选择。对于发出存货成本的确定方法，准则允许企业采用个别计价法、先进先出法、加权平均法、后进先出法。

国际会计准则规定存货采用净价法，计算购买涉及现金折扣时以扣掉现金折扣的净付款金额入账。分两种情形处理：总价付款时，当超过折扣期时，借记"现金折扣损失"账户；在折扣期之内则对折扣不采取任何记录。

我国会计准则采用总价法，是以购买商品实际的全价入账，并不扣除现金折扣。在折扣期之内付款，则贷记"财务费用"账户；超出折扣期付款，则对折扣不需要做任何记录。我国会计准则总价法入账缺点是既会导致高估存货的购买成本，同时对没有利用的折扣不加记账，这样对于失去现金折扣的损失缺乏关注，不利于资金利用效率的管理。国际存货结转和期末计价如果采用定期盘存制计价，则在期末需要把当期"购买"账户的存货结转为"存货"。我国会计准则下没有这样做，是因为如前所述没有设置"购买"账户而是直接计入"库存商品"账户。采用永续盘存制国际会计准则盘点存货出现损耗则直接计入"损失"账户，我国会计准则则计入"待处理财产损益"账户，待批准之后记入"营业外收入支出"。我国会计准则的这个规定，对存货盘亏能够更谨慎地处理，有助于查清盘亏的原因，便于加强存货管理。

⑥存货财务报表披露差异的要求。

国际会计准则对存货的披露作了三项规定。第一，正常情况下企业应披露存货计量所采用的会计政策存货的账面总金额、各类存货的账面金额、以可变现净值反映的账面金额、当期确认为收益的存货减计的转回额、导致存货减计转回的情况和事项、作为债务担保的存货的账面价值；第二，企业存货成本采用后进先出法确定情况下，在资产负债表中列示的金额与有关金额的差额；第三，当期确认为费用的存货成本与收入相对应的当期的经营成本。国际会计准则要求存货披露六项内容：计量存货采用的会计政策；存货的账面总金额；以可变现净值反映的账面余额；当期确认为收益的存货减记的转回额；导致存货减记转回的情况和事项、作为债务担保的存货的账面价值。还要披露当期确认为费用的存货成本以及当期与收入相对应的经营成本，包括在产品、原材料、产成品等类存货的当期期初和期末账面价值，以及总额当期计提的存货跌价准备和当期转回的存货跌价准备、存货跌价准备的计提方法、确定存货可变现净值的依据等。

我国存货准则要求披露各类存货的期初和期末账面价值，确定发出存货成本所采用的方法，存货可变现净值的确定依据，存货跌价准备的计提方法，当期转回的存货跌价准备金额以及计提和转回的有关情况还有要披露用于担保的存货账面价值。比较而言，我国会计准则更强调说明期末存货成本的计价依据。

4.5　我国会计准则与国际会计准则差异影响因素分析

我国会计准则与国际会计准则产生差异的主要原因是所处的会计环境不同。会计环境是会计产生、发展的社会经济环境，会计环境一般包括政治法律环境、经济环境、社会文化环境和教育等。

4.5.1 经济因素

我国是社会主义公有制国家，目前正处于经济转轨时期，社会主义市场经济尚处于初级阶段，市场体系不完善，市场监管水平较低，配套的法律制度也不够健全，缺乏企业公平竞争的市场环境。从所有制上看，我国实行的是生产资料公有制，国有企业众多，与西方资本主义国家实行的生产资料私有制不同。企业的权益资本较多的是由国家出资注入的，为保证国有资产的保值增值和资本安全，会计准则必然要维护国家利益、满足国家宏观调控经济的需要，注重会计信息的可比性和可靠性。以西方国家为主导制定的国际会计准则更注重满足投资者决策的需要，强调会计信息的相关性，例如，在计量属性上，国际会计准则更多地采用公允价值，我国则注重历史成本，只在可靠的情况下有限地采用公允价值。从经济发达程度上看，我国市场经济还只是处于初级阶段，资本市场的规模狭小，上市公司数量不多，而西方国家资本市场完善、经济发达程度高，出现的交易形式和复杂程度也远非我国目前可比。经济越发达、资本市场越完善，对会计准则的要求也越高，更多地要考虑投资者的利益，对投资者而言，会计信息要求有更高的可比性、公允性、相关性和透明性。

4.5.2 政治法律因素

由于各国法律制度存在差异，因此导致会计制度存在一定的差别。目前调整社会关系的法律有大陆法系和英美法系。大陆法系比较强调法律条文的完整性，具有条文法的特点，对社会生活运用法律手段全面管理，社会经济活动处在国家相近的法律管制之下。英美法系则比较强调对社会生活中具体问题的规范调整，注重经验，允许采用法官的判例，对经济活动的管制较灵活，企业的管理权限较大。在不同的法律环境下会计准则的制定也各不相同。我国法律属大陆法系，我国会计准则由政府机构财政部下属的官方机构——会计司制定，以会计法规的形式发布，在准则规定的范围内适用且具有强制力。在英美法系国家，政府对会计的直接管制相对较少，突出民间组织和会计职业界的作用，法律一般不规定会计处理和会计信息披露方面过多的具体细节问题，因此，会计准则一般由民间组织制定。

4.5.3 社会文化因素

一个国家的社会文化价值观对会计准则的制定有影响作用，我国的文化特征反映在我国会计准则要由政府制定，强制执行，在具体会计准则内容实施上谨慎保守，强调会计信息的可靠性。国际会计准则在会计处理方面对不确定因素采取积极的方法，提供更多的会计处理备选方法，强调会计人员的职业判断，强调会计信息的决策相关性和可比性，对会计信息要求充分披露。

4.5.4 会计人员职业水平因素

教育是会计环境中一个非常重要的因素，在西方国家，会计从业人员的受教育程度比较高，我国会计人员总体素质较低，缺乏必要会计专业判断能力。我国会计从业人员一直都习惯于按照我国的会计制度规定进行会计核算处理，而我国的会计制度对会计处理的规定一般都非常具体明确，无须会计人员做专业判断。随着我国加入WTO，经济交易的形式越来越复杂，新的交易事项层出不穷，我国的会计准则也发生了巨大变化，尤其是我国新出台各项新的会计具体准则，很多会计人员尚来不及学习和吸收，同时会计人员受本身专业素质所限，更难对复杂的交易事项作出专业判断。所以我国的会计准则按照规则基础制定，对会计人员的专业判断能力要求较低，而国际会计准则由于会计人员的受教育程度较高，具有较强的专业判断能力，按照原则基础制定。

改革开放以来我国加快了会计标准的国际化和会计准则趋同的步伐，2006年2月15日我国一共发布了1项基本准则和38项具体准则。我国的会计准则与国际会计准则基本趋同，但是因为我国的会计环境等诸多因素的影响，决定了我国不可能完全照搬国际会计准则，因此，我国会计准则与国际会计准则还是有差异的。

第5章 "一带一路"沿线国家会计准则的国际趋同

5.1 沿线国家会计准则趋同的现状

2013年习近平总书记提倡的"一带一路"倡议经过5年时间的发展，在政策沟通、设施联通、贸易畅通、资金融通、民心相通等方面都取得了丰硕成果。商务部《2016年"一带一路"沿线国家投资合作情况》报告指出，2016年中国对"一带一路"沿线53个国家直接投资145.3亿美元，主要流向新加坡、印度尼西亚、印度、泰国、马来西亚等国家地区。《2017年"一带一路"沿线国家投资合作情况》报告中指出，2017年中国企业对"一带一路"沿线的59个国家有新增投资，合计143.6亿美元，同比下降1.2%。投资金额占总额的12%，比2016年同期增加3.5个百分点，主要投向新加坡、马来西亚、老挝、印度尼西亚、巴基斯坦、越南、俄罗斯、阿联酋和柬埔寨等国家。作为国际通用的商业语言，会计在推进"一带一路"建设的过程中发挥着重要作用，但沿线国家采用的会计准则的差异性也为"一带一路"的经济交流增加了障碍。

国际财务报告准则基金会发布的2017年版的《国际财务报告准则标准袖珍指南》：全球财务报告语言中显示在全球150个辖区采用IFRS，126家（84%）要求所有或大部分国内上市公司和金融机构采用国际财务报告准则，另外13个辖区（9%）允许或要求至少其中一些实体的标准。

IFRS标准的使用在全球范围内继续扩大，有助于为金融市场带来透明度、问责制和效率。标准的公共利益是它们对经济增长和长期金融稳定的贡献。

对"一带一路"沿线国家采用的会计准则情况进行汇总发现，在"一带一路"沿线的65个国家中，有57个国家已经要求所有或大多数国内上市公司和金融机构按照 IFRS 编制财务报表；有 8 个国家（越南、老挝、埃及、印度、土库曼斯坦、吉尔吉斯斯坦、印度尼西亚、黎巴嫩）目前使用本国会计准则，埃及和越南两国没有表达过向国际财务报告准则趋同的意愿和计划。印度、印度尼西亚与 IFRS 持续趋同中，印度尼西亚虽然表达了消除本地准则与国际财务报告准则之间差异的意愿，但到目前为止还没有正式执行国际会计准则。泰国正在直接采用 IFRS 过程之中；乌兹别克斯坦仅要求在本国银行按照国际会计准则进行报告。

"一带一路"沿线国家中采用国际会计准则的国家，伊朗、哈萨克斯坦、科威特、黑山、卡塔尔是在 2016 年开始要求所有或大多数国内上市公司和金融机构按照 IFRS 编制财务报表。沙特阿拉伯从 2017 年起要求所有上市公司采用国际会计准则，2018 年对所有其他公众实体要求按照 IFRS 进行报告。

5.2 会计准则趋同采用模式

"一带一路"沿线国家在具体采用国际会计准则时，根据本国的实际情况，分别采用了不同的模式。

（1）完全照搬。由于国际会计准则是在发达市场经济环境中产生并发展起来的，因此，对于成熟的市场经济国家和地区，如菲律宾等在采用国际会计准则时，几乎未对国际会计准则进行任何调整修订，采用了完全照搬的模式。

（2）部分修订。一些国家或地区考虑到本国或本地区的经济环境、政治环境等的特殊性，为了使采用的新准则更好地适应本国或本地区的情况，其在采用国际会计准则时采取了部分修订的模式，如欧盟、中国、新加坡、泰国和马来西亚等，这些国家或地区所采用的会计准则虽与国际会计准则存在一定差异，但却取得了实质性趋同。实质性趋同，即并未完全相同，对于一些特殊的经济业务采取了与国际会计准则不同的更符合本国或地区情况的处理方法。例如新加坡于 2003 年开始强制采用国际会计准则，对于国际会计准则中的大部分采用了完全照搬的形式，但也对部分准则进行了修订，如对于 IAS16、IAS17、IAS39 和 IAS40 的准则条款都作出了部分修订。另外，泰国和马来西亚也是采用的经过修订后的国际会计准则。2007 年中国执行的新会计准则实现了和国际会计准则的实质性趋同，但在个别经济事项上如关联方的认定、公允价值的采用、部分长期资产减值准备的转回方面的处理仍与国际会计准则的规定存在显著差异。

由于各个国家或地区对于国际会计准则的采用模式不同，以及对于国际会计准则在采用过程中所做出的修订各不相同，因此，尽管很多国家或地区采用了与国际会计准则实质趋同的会计准则，但彼此之间的差异还是显著存在的，这些差异在一定程度上影响国际会计准则的应用效果。

5.3 沿线国家会计准则趋同的影响因素

5.3.1 经济因素

会计准则与经济发展息息相关，密切相连。经济因素是影响会计准则因素中最重要也是最直接的一方面，通过会计准则能反映出一国经济发展具体情况。经济发展不仅对会计准则有直接的影响，也间接影响着国家的经济体制、市场结构以及社会发展程度的高低等。从"一带一路"发展中国家目前尚未完善的市场经济体制来看，大多数国家经济发展水平较低，这在一定程度上制约了会计准则的实施和应用。经济因素如市场发达程度、所有权结构、资本结构、税收体系对会计准则的执行效果产生直接或间接的影响。国际会计准则主要是在发达国家的市场经济基础上制定的。国际会计准则之所以能在发达国家得到很好的推行，这与欧美发达国家健全的资本市场是分不开的。沿线国家是发展中国家，在资本市场、法律制度等方面与发达国家还有一定的差距，各方面的环境都达不到发达国家的标准。推行国际会计准则，必须有健全良好的外部环境。不完善的外部环境使沿线各国很难实现与国际会计准则的完全趋同。要在短时间内全面采用国际会计准则，还存在一定的障碍。

5.3.2 法律因素

保证"一带一路"沿线各国会计准则向国际会计准则趋同，必须依赖各国制定会计准则的权威部门。会计准则的制定过程具有强制性和权威性，而法律正是强制性和权威性的统一，完善的法律体系，使会计准则能在比较健康、良好的法律框架下运行。法律体系的完整性和协调性也是影响会计准则的重要因素，如会计准则需要与税法、审计监督等法律法规相互协同发挥作用。法律体系是影响会计准则的重要因素之一。

5.3.3 文化因素

文化的多样性导致各个不同国家和地区的会计传统以及思维方式的差异，这些差异对于国际会计准则的执行效果往往产生决定性的影响。在任何社会形态中，在每一个社会形态，会计和社会文化不能分开，它们是社会和文化的共存，从这个意义上说，文化也是在会计标准的一个重要因素。

5.3.4 政治因素

国际上各国通过对会计准则的调整来达到调整国家利益的目的。政治能够影响会计准则的制定，进而影响财务报告的信息产出，最终影响会计信息的质量；政治影响会计准则的执行以及对于企业管理者、审计师的行为导向从而影响会计信息的质量。会计准则的执行效果在很大程度上还受制于管理层的财务报告动机，这对于财务披露行为的影响甚至超过会计准则本身对于会计信息的影响。不同的会计准则下会产生不同的经济后果，影响利益相关者的利益，影响报告的结果，无论是国际会计准则，还是各国会计标准的制定采取不同的会计标准都会导致不同的结果。因此，高质量的财务披露，除了采用高质量的会计准则外，更为重要的是要引导信息提供者的激励动机、不断完善财务信息披露的制度环境、优化会计准则的执行机制，良好的制度支撑环境才能带来准则执行效果的实现。

5.3.5 教育因素

"一带一路"沿线大部分国家目前的教育水平和资源还相对较差，国家对财会专业人员的基础教育和职业培训方面的投入还不足，会计专业的基础教育和职业培训的水平还相当低，与国际基础教育和职业培训的水平相比还有很大的差距。专业人员教育力度不足在很大程度上影响了会计准则趋同的推进。沿线国家语言种类较多，会计人员的素质普遍不高，会计人员对于一国际会计准则的概念、原则、要求等不能深入理解，国际会计准则的建立和完善却需要高素质会计人员的参与。国际会计准则具有非规则性、非规范化和非强制性的特点，要求会计人员具有较强的职业判断能力，各国缺少能够熟练运用国际会计准则的高素质会计人员。高素质的会计人才的缺乏对执行国际会计准则有很大的困难。

5.4 部分国家会计准则差异比较的例证分析

5.4.1 越南会计准则

5.4.1.1 越南会计准则与国际会计准则的比较

越南没有采用国际会计准则，也没有向国际会计准则趋同。越南政府规定都要遵循越南财政部颁发的越南会计准则（VAS）。越南财政部在制定越南会计准则时以国际会计准则为基础，结合越南经济发展水平以及企业管理水平，选择性地使用国际会计准则的原则。越南至今共颁布了26个会计准则（2001~2005年颁布）以及被称为"通知"的附加强制执行指引。2015年，越南财政部表示将会考虑向着国际会计准则发展，但目前暂时还没有具体的时间表及趋同路线图。

越南会计准则与国际会计准则两者的差异主要包括：越南会计准则投资按照历史成本确认和计量；不要求将权益变动表作为单独的报表列报；越南会计准则有严格的报告格式和科目规定；规定企业合并产生的商誉在收购日起按照不超过10年的期限进行摊销；不要求对股份支付、公允价值计量进行相关的会计处理；无资产减值的定义，也没有针对资产减值的具体准则；在摊余成本、套期会计、矿产资源的勘探与评价、农业及职工薪酬方面无相关准则；对于未做明确规定的事项，企业可以参考相关IFRS的规定进行会计处理。

越南使用的审计准则与国际审计准则比较相似。财务报表需要进行审计内容：外商投资企业的年度财务报表；根据"信贷机构法"设立和运营的信贷机构的年度财务报表，包括外资银行在越南设立分行的年度财务报表；金融机构、保险企业、再保险企业、保险经纪和非人寿保险企业分支机构的年度财务报表；上市公司，证券发行人和组织的年度财务报表；国有企业的年度财务报表（按照国家保密规定应保密的除外）；国家重大项目、政府提供资金 A 级项目竣工决算报告（按照国家保密规定应保密的除外）；国家持股占 20% 以上的公司的年度财务报表；上市机构、发行人、证券业务组织在财政年度末持股 20% 以上的企业的年度财务报表；审计公司及外国审计公司在越南的分支机构的年度财务报表；ODA 资金项目、优惠贷款项目年度财务报告必须由国家审计机构执行审计，或与出资方达成一致，由独立审计师出具审计报告。

5.4.1.2 越南与中国会计准则的比较

越南《第 21 号准则——财务报告列报》由两大部分共七十四条规定构成。第一大部分为总则，规定了准则的目的和使用范围；第二大部分为准则内容。我国《企业会计准则第 30 号准则——财务报告列报》由六章共三十五条规定构成。第一章为总则，规定了准则的目的和报告的构成；第二章是对财务报告的基本要求；第三章至第六章分别为资产负债表、利润表、所有者权益变动表和附注的列报要求。中越两国在财务报告目标、名称与定义、报告构成、格式、附注与财务报告说明书存在较大差异，见表 5-1。

表 5-1　　　　　　　　中越两国财务报告准则内容比较

国家	中国	越南
报表名称	财务会计报告	财务报告
准则	《企业会计准则第 30 号准则——财务报告列报》	《第 21 号准则——财务报告列报》
目标	向财务报告使用者提供与企业财务状况、经营成果和现金流量等有关的会计信息，反映企业管理层受托责任履行情况，有助于财务报表使用者作出经济决策	提供有助于广大使用者进行经济决策的有关企业财务状况、经营成果和现金流量的信息
列表基本要求	1. 持续经营； 2. 重要性和项目列报； 3. 遵循各项会计准则进行确认和计量； 4. 列报基础； 5. 列报的一致性； 6. 金额间的相互抵消； 7. 比较信息的列报	1. 持续经营； 2. 权责发生制； 3. 一贯性； 4. 重要性和汇总； 5. 抵销； 6. 可比性

续表

国家	中国	越南
财务会计报告内容	财务会计报告包括会计报表、会计报表附注及其他应当在财务会计报表中披露的相关信息和资料	财务报告包括会计报表和财务报告说明书
会计报表构成	资产负债表；利润表；现金流量表；所有者权益变动表	会计平衡表；经营活动平衡表；资金周转报表
附注	报表使用者了解企业的财务状况、经营成果和现金流量，应当全面阅读附注，附注相对于报表而言，同样具有重要性	财务报告说明书。可另外编织管理报告；主要是描述和解释企业经营状况和财务状况的主要特征，以及如果董事会认为在作出经济决定过程中对他们是有用的一些不确定的重要事项应该进行处理
格式	统一规定	没有严格规定，有指导的规范

（1）财务报告目标的比较。

在我国企业会计准则中，企业财务报告的目标是向财务报告使用者提供与企业财务状况、经营成果和现金流量相关的会计信息，反映企业管理层受托责任履行情况，有助于财务报表使用者作出经济决策。越南财务报告目标以决策有用观为主，没有要求反映管理层受托责任履行情况，淡化了管理者的受托责任，更重视投资者对财务报告的利用。

（2）名称与定义的比较。

越南在财务报告的名称上与国际会计准则保持一致都称为财务报告，我国称为财务会计报告，这与我国的会计法、企业财务报告条例中的"财务会计报告"的称呼相吻合。越南在《第 21 号准则——财务报告》中对财务报告的定义是指根据一定的结构反映企业的财务状况和经营成果。我国财务会计报告定义是指企业对外提供的反映企业某一特定日期的财务状况和某一会计期间的经营成果、现金流量等会计信息的文件。财务会计报告包括会计报表、报表附注及其他应当在财务报告中披露的相关信息和资料。

（3）财务报告构成的比较。

我国在《企业会计准则第 30 号准则——财务报表列报》中规定："财务会计报告包括财务会计报表、财务会计报表附注和财务情况说明书。"财务会计报表主要包括资产负债表、利润表和现金流量表，企业对外报送的财务报表还包括所有者权益变动表。越南的财务报告由财务报表和财务报告说明书组成，财务报表有会计平衡表、经营活动成果表、资金周转报表，类似于我国的资产负债表、利润表和现金流量表，财务报告说明书则类似于我国的报表附注和财务情况说明书。

我国财务会计报表比越南多了所有者权益变动表，这是反映构成所有者权益各组成部分当期增减变动情况的报表，不仅包括所有者权益总量的增减变动，还包括所有者权益增减变动的重要结构性信息，特别是要反映直接计入所有者权益的利得和损失，让报表使用者准确理解所有者权益增减变动的原因。越南《第21号准则——财务报告列报》中规定："除了财务报告外，企业还可以编制管理报告，主要是描述和解释企业经营状况和财务状况的主要特征，以及如果董事会认为在作出经济决策过程中对他们是有用的一些不确定的重要事项应该进行处理。"越南财务报告不包含所有者权益变动表，但越南企业的所有者权益变动信息，可以通过管理报告等其他相关资料来获取。

（4）财务报告格式的比较。

中越两国在制定财务报告准则的过程中都不同程度地借鉴了国际会计准则，但由于两国所处的经济发展阶段和会计环境不同，两国对财务报告的格式要求有较大差异。我国会计制度对于对外报送的会计报表及其附表格式都有统一规定，要求各单位在编制会计报表时应当严格执行统一规定，不能随意增列或减少表内项目，更不能任意变更表内各项目的经济内容。越南对财务报告的编制要求并没有我国这么严格，只有指导性的说明，留给企业可选择的空间比较大。

（5）附注与财务报告说明书的比较。

我国一般企业的附注包括以下内容：①企业的基本情况；②财务报表的编制基础；③遵循企业会计准则的声明；④重要会计政策和会计估计；⑤会计政策和会计估计变更以及差错更正的说明；⑥报表重要项目的说明；⑦或有事项；⑧资产负债表日后事项；⑨关联方关系及其交易。

越南的财务报告说明书包括：①财务报表编制的基础；②发生重要交易和事项选择和运用的具体会计政策；③会计准则规定而未能在其他财务报告中披露的任何信息；④提供未能在其他财务报告中披露，但又被视为必须真实、公允披露的补充信息；⑤会计平衡表、经营活动成果表和在资金周转报表中相应金额文字描述和更详细的分析；⑥其他会计准则要求披露的信息和一些必须真实和公允地披露必要的补充信息；⑦列报所有者权益的变动。

通过比较可以发现，我国的附注与越南的财务报告说明书相比，更加具体和详细，涉及范围更广，分类也更明确，通过严格的规定在一定程度上减少了财务报告编制者弄虚作假的机会，也给财务报告使用者更全面、更具体的信息。越南的财务报告说明书，在披露的内容上没有严格的界定，只是强调要按一定的顺序和一贯性披露，使之能够与其他企业的财务报告进行比较即可。

越南借鉴了国际会计准则，按照国际会计准则的要求编制与中国"资产负债表"相类似的"会计平衡表"，与中国"利润表"相类似的"经营活动成果表"和与中国"现金流量表"基本一致的"现金周转报表"。与中国不同的是，越南要求在财务报告中记入权益中的各个收益和费用、利得或亏损的各项要素，以及这些要素的总额；与所有者的资本交易业务和分派的股息和利润；会计政策变更和会计差错更正所带来的影响；计入当期期初和期末的累积损益余额及当期变动；计入当期期初和期末的各类权益资本、股本溢价和储备款项之间的变动及比较情况等。

（6）中越两国无形资产会计准则对比（见表5-2）。

表5-2　　　　　　中越两国无形资产会计准则对比

无形资产对比内容	中国	越南	两国差异	与国际会计准则相似国家
无形资产会计准则	总则简单规范，分项内容是具体详细	总则内容丰富完整	"商誉"处理：中国：有 越南：没有	越南
无形资产确认	企业拥有或者控制没有实物形态的可辨认非货币性资产	企业持有不具有物质形态的资产	名称和定义上有些差异	中国
无形资产内容	无形资产是指企业自行开发、外购、投资者投入、债务重组、政府补助、合并、非货币性资产交换取得	无形资产包括单项购买、有期限土地使用权、国家拨给或赠予、并购的、换入、自行开发获得的无形固定资产	越南没有投入和债务重组取得的无形资产	中国

5.4.2　俄罗斯会计准则

俄罗斯在苏联解体后作为一个独立主权国家登上国际政治舞台，经历了一个由政局动荡到社会安定、由经济衰退到经济复苏、由计划经济到市场经济、由国有经济到私有经济的发展过程。为适应经济社会发展的要求，俄罗斯会计制度也发生很大变化。

5.4.2.1 俄罗斯会计准则现状

俄罗斯上市公司、金融机构和一些政府所有的公司必须采用国际会计准则。在俄罗斯上市的外国上市公司必须采用国际会计准则。俄罗斯目前主要有两种适用的会计准则，分别为俄罗斯会计准则和国际财务报告准则。

（1）采用国际财务报告准则的情况。

在俄罗斯采用国际财务报告准则编制合并财务报表的行业公司：信贷机构；保险公司（不包括只提供强制医疗保险服务的医疗保险公司）；非政府养老基金；管理投资基金、共同基金、非政府养老基金的公司；清算机构；联邦单位组织；联邦政府持有股份的股份公司；其他上市公司。

俄罗斯有一套审核批准采用国际财务报告准则的流程。国家会计准则专家委员会是俄罗斯财政部下属的机构，所有新准则及修订都要通过国家会计准则专家委员会的批准。

（2）使用俄罗斯会计准则（RAS）的情况。

俄罗斯政府规定所有注册的法律实体必须采用俄罗斯会计准则，并遵照RAS编制以12月31日为资产负债表日的财务报告，需要在资产负债表日后的3个月报备税务局及相关统计部门。俄罗斯会计准则与国际会计准则部分相似，两者的主要差异如下：①对于RAS报告，严格规定了相关披露要求，报告货币必须是俄罗斯卢布，报告年度为日历年（没有其他选择），并以俄语为报告语言；②合并财务报表，在国际会计准则中，母公司应编制合并财务报表，只有少数例外存在，在RAS中，母公司只有在符合联邦法律规定的要求时，才应根据国际会计准则编制合并财务报表，如保险公司、银行、上市公司及其他规定的企业；③公允价值及货币时间价值，根据国际会计准则，某些资产和负债应以公允价值计量，而在RAS中没有类似公允价值的要求，资产和负债通常按历史成本计量；④固定资产减值，根据国际会计准则，如果有任何迹象表明资产可能有减值风险，固定资产应进行减值测试，RAS下没有减值测试要求；⑤融资租赁，国际会计准则中在融资租赁情况下，承租人需要在资产负债表中确认租入的固定资产，并将其折旧记入承租人的利润表中，在RAS资产中，根据租赁协议的条款确认资产。基于法律形式的不同，将根据租赁协议的条款在承租人或出租人资产负债表中确认固定资产，并据此将其折旧计入承租人或出租人的利润表中。此外，国际会计准则中的某些准则如套期、股份支付、养老金计划等 RAS 都未包含，在这种情况下，公司可以参照国际会计准则进行相关会计处理。俄罗斯没有相关公司治理方面的非财务报告披露要求。

在俄罗斯企业财务报表必须执行审计的公司：股份公司；证券交易所有证券交易的公司；银行和其他贷款机构、保险公司、信贷局、养老金和投资基金、证券市场参与者和证券交易所；上一财政年度的年收入超过 4 亿卢布的公司；上一日历年 12 月 31 日的公司总资产价值高于 6000 万卢布的公司；信贷机构；保险公司（不包括只提供强制医疗保险服务的医疗保险公司）；非政府养老基金；管理投资基金、共同基金、非政府养老基金的公司；清算机构；联邦单位组织，名单经俄罗斯联邦政府批准；联邦政府持有股份的股份公司，名单经俄罗斯联邦政府批准；其他上市公司。根据最近的立法变化，从 2017 年 1 月起，俄罗斯审计将按照国际会计师联合会通过并在俄罗斯正式批准的国际审计准则执行。此外，立法规定，审计人员有义务向审计委托人和管理人通报任何腐败和其他违法行为情况以及此类犯罪的潜在风险。如果审计客户代表在 90 天内未采取适当行动，审计人员要通知国家相关部门。

5.4.2.2 俄罗斯会计准则、中国会计准则、国际会计准则比较

表 5-3　　俄罗斯会计准则与国际会计准则、中国会计准则比较

与国际会计准则存在差异的准则	与国际会计准则相比没有的准则	与中国有差异的准则
重大错误与会计政策变更	外汇汇率变动	金融工具准则
建造合同	职工福利和退休福利计划	固定资产准则
收入与费用	企业联营	无形资产准则
租赁	恶性通货膨胀下的会计计量	收入与费用
关联方披露	房地产投资与农业	借款费用
金融工具		关联方披露
终止运营		资产负债表日后事项
无形资产		或有事项
		资产减值

表5-3列示了俄罗斯会计准则与国际会计准则、中国会计准则的比较，俄罗斯会计准则与中国会计准则的差异目前主要有以下几点。

（1）金融工具准则。

俄罗斯会计准则中没有金融工具准则。俄罗斯有股票、债券，但是没有衍生工具与套期保值的概念，缺乏对新型经济业务的理解和处理。

（2）固定资产准则。

中俄在固定资产准则存在范围上的差异，俄罗斯的固定资产范围比中国要大很多并且俄罗斯不存在资产减值。

（3）无形资产准则。

中国把土地所有权划归为无形资产，俄罗斯则规定其为固定资产，因此在无形资产的定义及准则方面与中国准则存在一定差异。

（4）收入与费用。

俄罗斯收入与费用的准则是以国际会计准则为基础，扩大了准则规定的范围。与中国相比，俄罗斯将营业外收入和非常收入划归到收入准则，并以此制定了与收入准则相对应的费用准则。

（5）借款费用。

与中国相比，俄罗斯借款费用准则中不仅包括予以资本化的借款费用会计核算，还包括予以费用化的借款费用的会计核算规定，如短期借款、债券和票据的确认、计量和披露要求等。

（6）关联方披露。

由于俄罗斯关联方的定义没有采用存在控制，施加重大影响时被认为是关联方的概念，而是使用俄罗斯《商品市场竞争与限制垄断法》对关联方的定义，其与中国的定义有很大的区别，因此相应的准则也就存在差异。另外，俄罗斯对于合作经营区分形成经营实体与不形成经营实体，形成经营实体的作为共同控制采用关联方披露准则，不形成经营实体采用合伙企业信息披露准则。

（7）资产负债表日后事项。

资产负债表日后事项准则的区别仅在于调整事项的会计处理，按照俄罗斯会计准则调整事项在报告期间应在结账期账户归集，下一会计期间首先将原计入结账期账户的调整事项予以反向冲回，之后再按正常方式进行会计处理。

（8）或有事项。

或有事项的区别是中国会计准则对于预计负债费用化还是资本化不做规

定,而俄罗斯会计准则中明确了预计负债应作为费用计入损益。

(9) 资产减值。

俄罗斯会计准则与中国、国际会计准则目前最大的差异是资产减值问题。俄罗斯没有在会计准则使用公允价值的概念。可变现净值,可收回金额和现值作为期末资产计量原则也不被接受。俄罗斯会计准则的存货等资产减值处理方法简单,固定资产期末账面价值不作调整,固定资产减值只能在年初由专业评估机构评估后才能确认损失,调整账面价值。没有资产减值的概念造成俄罗斯许多会计准则与中国和国际会计准则存在差异。

5.4.2.3　中国、俄罗斯会计制度对比

中国与俄罗斯的会计制度都由财政部负责制定,但中国会计准则是由财政部会计准则委员会负责制定;俄罗斯是由中央银行制定银行和信贷机构的会计准则,其他准则由财政部会计司制定。会计准则制定的政府主导一方面体现了其重要性,另一方面反映了经济体制向市场化转变的特征。除此之外,还反映了会计职业团体和会计行业的发展水平有限、力量薄弱。政府主导的不足之处主要是缺乏对会计职业团体、民间会计团体以及更多利益相关者需求的考虑,有可能影响准则制定的公正性,容易造成效率低下。中国、俄罗斯会计制度对比如表5-4所示。

表 5-4　　　　中俄会计制度层次体系和会计准则在体系中的地位

国家	层次	内容	制定机构
中国	国家法律	行业法律:《会计法》《公司法》《注册会计师法》《证券法》等	全国人大
	国家行政法规	行业法规:《总会计师条例》《企业财务报告条例》等	国务院
	国家行政规章	行业规章:《企业会计制度》《企业会计准则》等	财政部
	地方行政法规	地方性会计工作管理规定	地方人大或政府
	地方行政规章	地方性会计工作规则	地方政府财政部门
俄罗斯	联邦法律	联邦法律、总统令、政府法规等	议会、总统、联邦政府
	联邦法规	会计准则:《俄联邦会计和报告准则》	财政部、中央银行
	实施规范	行业制度和规范性条例	财务部、联邦主体
	组织性规定	公司会计政策等内部规定	企业等会计报告主体

5.4.2.4 中俄会计准则的内容差异

中国会计准则体系结构可以分为三个层次,最新的体系包括1个基本准则、38个具体准则和会计准则应用指南。基本准则是进行会计工作必须遵循的最基本的要求,具体准则是在基本会计准则指导下进行具体会计业务处理的标准、规范和方法,中国具体准则体系已基本涵盖所有经济领域。具体准则可以分为三类,包括一般业务准则、特殊业务准则和报告类准则(见表5-5)。新的准则体系引入了国际财务报告理念和方法,并在确认和计量中大量采用公允价值,同时在关联方和资产减值转回中考虑了中国的特殊情况。

表5-5　　　　　　　中国企业会计具体准则内容和分类

一般业务标准 (25项)	固定资产,无形资产,存货,收入,租赁,资产负债表日后事项,借款费用,或有事项、会计政策、会计估计变更和差错更正,长期股权投资,非货币性交易,债务重组,建造合同,金融工具确认和计量,外币折算,资产减值,所得税,职工薪酬,政府补助,股份支付,投资性房地产,企业合并,套期保值,金融资产转移,首次执行企业会计准则
特殊业务准则 (5项)	原保险合同,再保险合同,企业年金基金,生物资产,石油天然气开采
财务报告准则 (8项)	现金流量表,中期财务报告,关联方披露,财务报表列报,金融工具列报,每股收益,分部报告,合并财务报表

俄罗斯会计准则体系有1个基本准则和24项具体准则。俄罗斯具体准则分类方法有所不同,所分三类包括资产负债类、经营成果类和信息披露类(见表5-6)。

表5-6　　　　　　　俄罗斯企业会计具体准则内容和分类

资产负债类(7项)	固定资产,存货,无形资产,投资,外币计量的资产和负债,借款与借款费用,研究费用
经营成果类(6项)	收入,支出,所得税,政府补助,建造合同,自然资源开采成本
信息披露类(11项)	分部报告,关联方披露,资产负债表日后事项,或有事项,合营信息披露,终止经营,会计政策,财务报告,估值变更,报告错误修正,现金流量报告

我国会计准则体系的内容:我国会计准则是典型的双层次结构,基本准则是进行会计工作必须遵循的最基本的要求。具体准则是在基本会计准则指导

下，进行具体会计业务处理的标准、规范和方法。我国会计准则组成包括 1 项基本准则和 38 项具体准则两个部分，其内容如表 5-7 所示。

表 5-7　　　　　　　　　　中国的会计准则内容

目录	名称	执行日期
企业会计准则	基本准则	2007 年 1 月 1 日
	具体准则（38 项）	
1 号准则	存货	2007 年 1 月 1 日
2 号准则	长期股权投资	2007 年 1 月 1 日
3 号准则	投资性房地产	2007 年 1 月 1 日
4 号准则	固定资产	2007 年 1 月 1 日
5 号准则	生物资产	2007 年 1 月 1 日
6 号准则	无形资产	2007 年 1 月 1 日
7 号准则	非货币性资产交换	2007 年 1 月 1 日
8 号准则	资产减值	2007 年 1 月 1 日
9 号准则	职工薪酬	2007 年 1 月 1 日
10 号准则	企业年金基金	2007 年 1 月 1 日
11 号准则	股份支付	2007 年 1 月 1 日
12 号准则	债务重组	2007 年 1 月 1 日
13 号准则	或有事项	2007 年 1 月 1 日
14 号准则	收入	2007 年 1 月 1 日
15 号准则	建造合同	2007 年 1 月 1 日
16 号准则	政府补助	2007 年 1 月 1 日
17 号准则	借款费用	2007 年 1 月 1 日
18 号准则	所得税	2007 年 1 月 1 日
19 号准则	外币折算	2007 年 1 月 1 日
20 号准则	企业合并	2007 年 1 月 1 日
21 号准则	租赁	2007 年 1 月 1 日
22 号准则	金融工具确认和计量	2007 年 1 月 1 日
23 号准则	金融资产转移	2007 年 1 月 1 日
24 号准则	套期保值	2007 年 1 月 1 日
25 号准则	原保险合同	2007 年 1 月 1 日
26 号准则	再保险合同	2007 年 1 月 1 日
27 号准则	石油天然气开采	2007 年 1 月 1 日

续表

目录	名称	执行日期
28 号准则	会计政策、会计估值变更和差错更正	2007 年 1 月 1 日
29 号准则	资产负债表日后事项	2007 年 1 月 1 日
30 号准则	财务报表列报	2007 年 1 月 1 日
31 号准则	现金流量表	2007 年 1 月 1 日
32 号准则	中期财务报告	2007 年 1 月 1 日
33 号准则	合并财务报告	2007 年 1 月 1 日
34 号准则	每股收益	2007 年 1 月 1 日
35 号准则	分部报告	2007 年 1 月 1 日
36 号准则	关联方披露	2007 年 1 月 1 日
37 号准则	金融工具列报	2007 年 1 月 1 日
38 号准则	首次执行企业会计准则	2007 年 1 月 1 日

由于俄罗斯会计准则的起步比较晚，中间又经历了很多波折，因此会计准则的制定目前处于一种相对落后的状态。在引入国际会计准则的前期，俄罗斯政府面临两种选择：一种是"革命式"的方法，这是由参与俄罗斯会计准则制定的外国专家提出的，他们建议俄罗斯通过官方翻译国际会计准则，并把其作为俄罗斯的一套准则体系，从而全面采用国际会计准则；另一种是"渐进式"的方法，这是俄罗斯专家提出的，俄罗斯专家普遍认为会计准则的建设必须考虑本国的国情，不能够生搬硬套，国际会计准则不一定完全适合俄罗斯，最终俄罗斯采纳了"渐进式"的方法。截至目前，俄罗斯现行会计准则体系由 1 个基本准则《会计与财务报告准则》和 21 个具体会计准则组成，内容如表 5 – 8 所示。

表 5 – 8　　　　　　　　　　俄罗斯会计准则

序号	目录	名称	颁布日期	修订日期	现执行版本
1	基本准则	会计与财务报告准则	1992.02		
2	PBU1	会计政策	1998.12.09	2008.10.06	PBU1/2008
3	PBU2	建造合同	1994.12.20	2008.10.24	PBU2/2008
4	PBU3	外币计价资产与负债	2000.01.10	2006.11.27	PBU3/2006
5	PBU4	财务报告	1999.07.06	1999.07.06	PBU4/1999
6	PBU5	存货	2001.06.09	2001.06.09	PBU5/2001

续表

序号	目录	名称	颁布日期	修订日期	现执行版本
7	PBU6	固定资产	2001.03.30	2001.03.30	PBU6/2001
8	PBU7	资产负债表日后事项	1998.11.25	1998.11.25	PBU7/1998
9	PBU8	或有事项	2001.11.28	2001.11.28	PBU8/2001
10	PBU9	收入	1999.05.06	1999.05.06	PBU9/1999
11	PBU10	费用	1999.05.06	1999.05.06	PBU10/1999
12	PBU11	关联方披露	2000.01.13	2008.04.29	PBU11/2008
13	PBU12	分部报告	2000.01.21	2000.01.21	PBU12/2000
14	PBU13	政府补助	2000.10.16	2000.10.16	PBU13/2000
15	PBU14	无形资产	2000.10.16	2007.12.27	PBU14/2007
16	PBU15	借款费用	2001.08.02	2008.10.16	PBU15/2008
17	PBU16	清算披露	2002.07.02	2002.07.02	PBU16/2002
18	PBU17	研发费用	2002.11.19	2002.11.19	PBU17/2002
19	PBU18	所得税	2002.11.19	2002.11.19	PBU18/2002
20	PBU19	投资	2002.12.10	2002.12.10	PBU19/2002
21	PBU20	合伙企业信息披露	2003.11.24	2003.11.24	PBU20/2003
22	PBU21	估值变更	2008.10.06	2008.10.06	PBU21/2008

俄罗斯会计准则与中国会计准则存在的差别还是很大的，以两国固定资产为例，俄罗斯会计准则将土地、自然资源、常年树林和牲畜都划分为固定资产。中国会计准则规定，固定资产不包括土地和自然资源；而动植物则由生物资产准则单独作出规定。中俄会计准则对于固定资产的初始计量、后续计量和折旧方法等的规定基本相同，但对于资产价格变动处理方法的规定差异很大。俄罗斯固定资产增值记为"资本公积"，减值直接冲减"未分配利润"；中国固定资产增值记为"以前年度损益调整"，减值记为"待处理固定资产损益"。俄罗斯会计准则没有固定资产减值准备的规定，不能有效反映固定资产真实价值，容易造成资产虚高。

5.4.2.5 中俄会计准则的国际趋同比较

中俄两国会计准则的国际趋同都是建立在本国实际情况并符合国际准则要求的基础上的。中国会计准则在框架形式和内容上都实现了与国际会计准则的实质性趋同，并在实践中得到有效实施。2005年11月8日，中国会计准则委员会与国际会计准则理事会（IASB）签署联合声明指出：中国制定的企业会计准则体系，实现了与国际会计准则的趋同。国际会计准则理事会确认了中国特殊情况和环境下的一些会计问题，涉及关联方交易的披露、公允价值计量和同一控制下的企业合并。2009年，国际会计准则理事会修订了《关联方披露准则》，基本消除了与中国关联方准则的差异；2010年，国际会计准则理事会又修改了《首次采用国际财务报告准则》，解决了中国企业改制上市过程中资产重估引发的会计问题。

俄罗斯会计准则的国际协调改革形式激进，目标宏大，但在实际操作上却是保守和渐进的。俄罗斯向国际会计准则趋同还是有限制的。俄罗斯要求以国际会计准则为基础，针对俄罗斯的经济和法律环境，通过权衡和借鉴，制定本国会计准则，在部分行业分阶段直接执行国际会计准则。

5.4.2.6 中国、俄罗斯固定资产会计准则对比

中俄固定资产的范围上基本一致。中国会计准则中还有待售的固定资产，规定不同的固定资产有不同的使用年限，折旧率或折旧方法也不同。IAS16不存在已提足折旧仍继续使用的固定资产的情况。俄罗斯的折旧额是原价减去残值和减值准备。IAS16的折旧额等于成本减去残值。资产减值准则差异在于固定资产、无形资产、长期股权投资等，中国会计准则中资产减值损失一经确认，在以后会计期间不得转回。而国际会计准则中主体在最后一次确认资产减值损失以后，在确定资产的可收回金额中所使用的估值发生改变时，才能转回以前年度已确认的资产减值损失。

表5-9　　　　　　　　中国、俄罗斯固定资产会计准则比较

对比内容	中国	俄罗斯	两国差别	国际会计准则 IAS16
固定资产概念上区别	有明确的定义	没有明确定义，有确认条件	俄罗斯对固定资产的叙述非常全面，范围要比中国广，固定资产包括土地、自然资源等	
固定资产初始计量	计量方式、计量方法一致	计量方式、计量方法一致		计量方式、计量方法一致

续表

对比内容	中国	俄罗斯	两国差别	国际会计准则 IAS16
固定资产后续计量	折旧方法、计提时间一致	折旧方法、计提时间一致		折旧方法、计提时间一致
固定资产价值重估	清查盘点。盘亏的固定资产，按盘亏固定资产的账面价值借记"待处理财产损溢——待处理固定资产损溢"，按已计提的累积折旧，借记"累计折旧"，按已计提的减值准备，借记"固定资产减值"，按固定资产原价，贷记"固定资产"科目。盘盈的固定资产，作为前期差错处理，在按管理权限报经批准处理前，应先通过"以前年度损益调整"科目核算	资产计量方法。最多一年一次评估使固定资产账面价值不严重偏离其市场价值。评估增值的，记入资本公积，减值冲减未分配利润。损失或利得计入其他业务收入或其他业务支出，作为当期的损益	俄罗斯固定资产准则与中国和国际会计准则最大的差异是没有计提资产减值准备	资产计量方法
生物资产	有规定	没有规定		有规定

5.4.2.7 中国、俄罗斯固定资产实务处理上对比

中俄两国会计准则与国际会计准则在初始计量上没有重大差别，准则中区分外购、自行建造、接受捐赠、投资者投入、债务重组等几种方式对固定资产的初始计量方法，都是采用历史成本进行入账。两国都规定固定资产的历史成本一经确定，不得随意变更，除非有特别的规定。中俄固定资产的后续计量都包括修理、更新和改造几种情况，固定资产折旧方法与国际会计惯例基本相同，都包括直线法、双倍余额递减法、工作量法和年数总和法。俄罗斯固定资产的取得从下一个月开始计提折旧，固定资产的处置从下一个月开始停止计提折旧，这一点与我国的处理相同。俄罗斯固定资产价值重估是国际会计准则中使用的资产计量方法。企业可以聘请专业的评估人员对固定资产的公允价值进行评估，根据评估结果，调整账面价值。一次评估以后要经常进行评估，使固定资产的账面价值不严重偏离其公允价值，但最多每年进行一次。俄罗斯使用

了这种方法，规定企业可以于每年年初对同类固定资产的市场价值进行评估。一般固定资产评估只能由具有评估资格的专业评估机构进行。俄罗斯用重估的方法对固定资产的账面价值进行调整，使固定资产账面价值不严重偏离其市场价值。固定资产处置以后，原计入资本公积的应相应结转至未分配利润科目。固定资产处置损失或利得计入其他业务收入或其他业务支出，作为当期的损益。这与我国现行的处理方法差异很大，我国目前是定期至少于每年年末对固定资产进行清查盘点。盘亏的固定资产，按盘亏固定资产的账面价值借记"待处理财产损溢——待处理固定资产损溢"，按已计提的累积折旧，借记"累计折旧"，按已计提的减值准备，借记"固定资产减值准备"，按固定资产原价，贷记"固定资产"科目。盘盈的固定资产，作为前期差错处理，在按管理权限报经批准处理前，应先通过"以前年度损益调整"科目核算。俄罗斯固定资产准则与我国和国际会计准则最大的差异是没有计提资产减值准备。我国企业长久以来都普遍存在着对资产价值高估的现象，于是财政部在 2017 年新发布的《会计准则第 8 号——资产减值》中，特别指出资产包括单项资产和资产组。通过确认资产的价值，企业可以将长期积累的不良资产予以减值，从而提高企业固定资产的质量，能够使信息使用者发现企业未来获得经济利益能力的真实情况，同时也可以避免资产的虚增，保证企业财务信息的真实性和可比性。俄罗斯目前没有采用资产减值准备，虽然意识到了采用资产减值准备的益处，但是由于本国文化观念等方面的影响和对待外来事物有防范心理，因此采用国际会计准则十分谨慎。我国已经实施资产减值准备，在实施过程中已经遇到了一些问题，俄罗斯带给我们的经验就是对待国际会计准则要谨慎，不能盲目地跟从，要从自身的国情出发。

中俄固定资产会计准则差异在实务处理上实例体现如下：

【案例 5-1】中国一企业要在莫斯科进行投资，投资购买一片厂房 50000元，土地 350000 元。

按照中国会计准则的要求和处理方法：

借：固定资产   50000
  贷：银行存款   50000

按照俄罗斯会计准则的要求和处理方法：

借：固定资产   400000
  贷：银行存款   400000

购买厂房的土地及相关自然资源都应列作固定资产进行处理,这就导致中俄两国在固定资产上会计处理的差异,间接也会反映在两国会计报表上存在差异。

【案例 5-2】 某公司年末对固定资产进行清查时,发现丢失一台设备。该设备原价 30000 元,已计提折旧 10000 元,并已计提减值准备 2000 元。

按照中国会计准则的要求和处理方法:

借:待处理财产损溢——待处理固定资产损溢	18000
累计折旧	10000
固定资产减值准备	2000
贷:固定资产	30000

按照俄罗斯会计准则的要求和处理方法:

借:未分配利润	20000
累计折旧	10000
贷:固定资产	30000

5.4.2.8　中国与俄罗斯无形资产比较

(1) 无形资产内容的比较。

1984 年我国颁布的《中华人民共和国专利法》指出其拥有者可以享有财产的所有权。无形资产是指企业拥有或者控制的没有实物形态的可辨认非货币性资产,包括专利权、商标权、著作权、土地使用权、商誉等。在《俄罗斯联邦会计与报表条例》中指出无形资产是企业资产的组成部分,具有价值且能给企业带来收入或者能够为企业带来收入创造条件,并能较长时间使用而不具有实物形态。在最新版的《俄罗斯会计准则》中指出无形资产必须同时符合下列条件:①会计的对象必须是未来能给组织带来经济利益,对象是用于产品的生产中使用,执行工作或提供服务,管理组织或活动使用。②有权在未来获得经济利益。③有能力从其他资产中分离。④对象是能长期使用,即使用寿命超过 12 个月或正常营业周期超过 12 个月。⑤在 12 个月内没有转让该资产的意向。⑥期初的价值能够可靠计量。⑦不存在物质形式。无形资产包括科学作品、文学与艺术、电脑程序、发明、可利用的模型、育种成果、商业秘密诀窍、商标和服务商标等。

我国会计准则对无形资产的定义与俄罗斯相比存在一定的差异。首先,由于我国和俄罗斯的政治体制的不同，导致两国土地所有权的核算出现了很大的差异。在我国土地归国家所有，企业只能拥有土地的使用权，属于无形资产。我国的无形资产包括土地使用权，而俄罗斯新颁布的无形资产准则却不包括土地使用权。原因是在俄罗斯1991年4月年颁布的《俄罗斯联邦土地法典》，对其土地所有制进行了重大的改革，取消土地归国家所有的规定，形成国家、公民、集体和集体股份所有制形式并存和共同发展的所有制结构。依照现行法律将土地"归为私有"。

我国和俄罗斯在确定无形资产的内容方面，如专利权、商标权、著作权等以及商誉基本上是相同的，两国并无太大差异。但对无形资产的核算对象上，俄罗斯关于无形资产核算的规定比较详细，基本罗列了每一个归属于无形资产的科目，并做出了明确的界定。我国无形资产准则的规定则比较全面，但也比较笼统，相比俄罗斯缺少详细的界定。

（2）外购无形资产计量的比较。

俄罗斯无形资产准则中规定无形资产按取得时实际成本减去增值税和应退还税额来计价。"实际发生的成本"主要包括支付给无形资产所有者的成本关税及海关费用不退还的税款；政府、专利以及其他与收购无形资产有关支付的其他税费；收购无形资产支付给中介组织和其他实体的报酬；收购无形资产而为此支付的咨询费；直接关系到收购无形资产的其他费用；发生相关的补充费用，如相关人员的工资和社会保险费以及材料及其他费用等。我国无形资产准则中规定无形资产的成本包括购买价款、相关税费以及直接归属于使该项资产达到预定用途所发生的其他支出。

俄罗斯无形资产准则中计量的规定比较细致，而我国无形资产准则中计量的规定相对而言则比较笼统。俄罗斯无形资产准则比我国无形资产准则更接近国际会计准则。

（3）无形资产摊销的比较。

我国新会计准则关于无形资产摊销的规定与国际会计准则基本一致。规定企业摊销无形资产，自无形资产可供使用时起至不再作为无形资产确认时止。企业选择的无形资产摊销方法，应当反映与该项无形资产有关的经济利益的预期实现方式。无法可靠确定预期实现方式的，应当采用直线法摊销。无形资产的摊销金额一般应当计入当期损益，其他会计准则另有规定的除外。

俄罗斯会计准则中关于无形资产的摊销在其准则中有严格的规定。对无形资产使用年限的规定主要取决于：①专利、许可和其他知识产权等按照俄联邦法律规定的使用年限。②预期能为企业带来经济利益的使用年限。规定无形资产使用年限不能超过企业的经营期限，而且无形资产摊销年限要在初期确定，一经确定就不可以随意进行变更。而对于那些不能确定使用年限的无形资产，则不允许进行摊销。而对于非营利的组织和部门，其无形资产不能进行摊销。在使用的年限内，无形资产可以按照以下三种方法进行摊销：①直线法；②生产总量法；③双倍余额递减法。没有规定年限的无形资产可以按 20 年以上进行摊销，但不得超过公司的经营年限。

5.4.2.9 中国、俄罗斯收入准则的比较

（1）中俄收入准则定义的比较。

中俄两国会计准则中都对收入准则进行了定义和确认，两国间的规定也存在着一定的差异。

我国会计准则第 14 号收入准则规定，收入是指企业在日常活动中所形成的、会导致所有者权益增加的、与所有者投入资本无关的经济利益的总流入，包括销售商品收入、提供劳务收入、让渡资产使用权收入、利息收入、租金收入、股利收入等，但不包括为第三方或客户代收的款项。企业代第三方收取的款项，应当作为负债处理，不应当确认为收入。我国收入准则把收入分为主营业务收入和其他业务收入。

俄罗斯收入准则对收入的定义是指企业经济利益的总流入，表现为资产的增加和或负债的减少，引起所有者权益的增加，但不包括投资者投入。即收入表现为企业除投资者投入以外的经济利益的增加。

俄罗斯有关收入的会计准则，其定义和我国收入准则大致相同，但是在具体分类上存在一定差异。俄罗斯收入准则将收入分为主营业务收入、其他业务收入、营业外收入和非常项目收入。主营业务收入包括销售商品收入、提供劳务收入和让渡资产使用权收入以提供资产使用权为主要经营业务的企业。其他业务收入包括让渡资产使用权收入、固定资产出售利得等。营业外收入包括罚金、违约金、捐赠收入等。非常项目收入是偶然性原因产生的收入，如自然灾害、火灾等意外事故的保险赔偿和国家征用补偿金等。而我国收入的会计准则将收入分为主营业务收入和其他业务收入，比俄罗斯收入范围小，这也是俄罗斯会计准则与我国会计准则间存在的区别。

通过比较我们可以发现，两国在主营业务收入的规定上大致相同，而主要的差异存在于其他业务收入的界定上。我国将除主营业务收入外的收入划为其他业务收入，而俄罗斯将除主营业务收入外的收入还划分为其他业务收入、营业外收入和非常项目收入，这种不同的规定会导致两国在会计报表中出现很大的差异。

（2）中俄收入确认条件的比较。

有关收入的确认条件，俄罗斯会计准则和我国会计准则的规定也存在差异。在我国会计准则中指出，销售商品收入需要同时满足以下条件，才能确认为收入：①企业已将商品所有权上的主要风险和报酬转移给购货方；②企业既没有保留通常与所有权相联系的继续管理权，也没有对已售出的商品实施有效控制。③收入的金额能够可靠计量；④相关的经济利益很可能流入企业；⑤相关的已发生或将发生的成本能够可靠计量。

在俄罗斯会计准则中指出，收入必须同时满足下列条件：①签有合同或有其他类似方式可以证明企业有权取得这项收入；②与产品或商品有关的所有权占有、支配和使用权已经转移给买方；③收入的金额能够可靠计量；④相关的经济利益很可能流入企业；⑤相关的已发生或将发生的成本能够可靠计量。

中俄两国的后三项都是一致的，唯独前两项有着很大的差别。第一项，俄罗斯会计准则规定的收入是法律形式上的确认条件，而我国则是主要风险和报酬的转移。差异的关键在于所有权转移与所有权有关的风险和报酬的转移。所有权已经发生了转移，但是所有权上的风险和报酬可能不一定转移。例如，当商品销售收入取决于买方从商品再销售中取得的收入时，或企业提供对正常保修条款以外对不满意产品进行补偿的情况，销售已经实现，买方取得了商品，关于所有权的占有、使用和支配权利已经发生转移，但是与所有权有关的风险和报酬还保留在企业。这时，按照俄罗斯会计准则要确认为收入，而按照我国会计准则则不能确认为收入。差异的原因是俄罗斯不能接受与所有权有关的风险和报酬转移的概念。

对于提供劳务收入的确认条件，俄罗斯收入准则与我国会计准则的差异仅在于不把完工进度能够可靠确定作为提供劳务收入的确认条件。让渡资产使用权收入确认条件俄罗斯会计准则与我国会计准则完全一致。

5.4.3 吉尔吉斯斯坦会计准则

吉尔吉斯斯坦会计制度从 20 世纪 60 年代开始脱离社会主义模式,苏联解体之后又得到进一步的发展。1989 年吉尔吉斯斯坦会计制度发展重大变化,引入了审计、资本等西方会计概念。吉尔吉斯斯坦逐步由计划经济向市场经济、由国有经济向私有经济转变,转变对国家的会计制度提出了新的要求。为了适应经济社会发展的要求,吉尔吉斯斯坦会计准则开始进行变革。

1992 年 2 月吉尔吉斯斯坦联邦政府颁布《吉尔吉斯斯坦联邦会计和报告规则》,作为吉尔吉斯斯坦建立会计准则系统的基本依据,是国家会计准则改革进行指导的主要规范性文件;1992 年 8 月颁布了《成本分配和应税收益计算调节规则》;1994 年 5 月颁布了四项新的与国际会计准则相一致会计准则;1996 年 12 月 21 日颁布了《会计核算法》。1998 年吉尔吉斯斯坦的会计准则发展转向与国际会计准则的趋同。

吉尔吉斯斯坦会计准则与中国会计准则在具体准则上存在很大的差异,从固定资产、无形资产、收入和资产减值准则等主要内容进行比较。

5.4.3.1 固定资产准则的比较分析

固定资产的确认、计量以及折旧、摊销准则在其所适用的会计准则体系中都占有非常重要的地位。

我国 2006 年 2 月财政部发布的《企业会计准则第 4 号——固定资产》,与国际会计准则相同。吉尔吉斯斯坦会计准则中固定资产是第 6 号准则。

(1) 固定资产定义及分类的比较。

根据中国会计准则《企业会计准则第 4 号——固定资产》的规定,固定资产是指企业拥有或能够控制的,在企业制造产品或者对外供给劳动服务、让渡使用权或为满足自身日常经营管理的需求而持有的,使用年限大于一个财务年度或者一个运营周期的具有实物形态的资产。从其定义来看,固定资产涵盖的范围十分广泛,包括企业的厂房等不动产、生产使用的机械设备、满足日常生产运输所需的交通工具以及与企业日常生产和管理经营相关的其他的一些设备工具等。对于不在上述范围之内的但也应当视同固定资产进行确认处置的资产,需要满足在企业中的使用期限大于 2 个会计周期并且该设备的单价在 2000 元及以上的条件。如果按照按经济用途对固定资产进行分类:一类是生产经营用固定资产；另一类是非生产经营用固定资产。如果按照使用状况对固定资产进行分类的话，可以分为三大类：未使用固定资产、使用中的固定资产、不使用的固定资产。

吉尔吉斯斯坦没有在会计准则中清晰地表述固定资产，只是对固定资产应该满足的条件做出了规定：拥有该项资产的目的是进行产品的制造、提供劳动服务、对外出租或满足企业日常经营管理的需要；属于企业长期使用的资产，该资产的使用寿命将会超过12个月；企业自己持有并为生产经营服务，没有在将来进行出售的意图；能够实现未来给企业带来经济利益的流入预期的资产。

中国对于固定资产有明确的定义且概括性较强、语言简洁；吉尔吉斯斯坦虽然没有对固定资产进行明确的定义，但是在准则中详细地阐明了固定资产的确认条件。吉尔吉斯斯坦将土地、自然资源等也划归固定资产，吉尔吉斯斯坦固定资产会计准则的范围要大于中国的会计准则中固定资产的范围。如果中国的一家跨国企业在吉尔吉斯斯坦购买了一片厂房作为其工厂进行生产经营，依据中国会计准则的规定，只对这片厂房作为固定资产进行计量。而按照吉尔吉斯斯坦会计准则进行会计处理，这片厂房、厂房所占用的土地以及与之相关的各种自然资源都要当作固定资产计入。由于中国和吉尔吉斯斯坦会计准则中固定资产准则的差异，会导致中吉两国以不同的方式来操作与固定资产有关的实务问题，而这种不同也会通过会计报表上体现出来。

吉尔吉斯斯坦没有独立的会计准则对生物资产进行规范。国际会计准则在2001年就对单独列示生物资产做了规定，中国的会计准则中同样单独列示生物资产，在会计准则第5号准则中对其确认、计量等做了准确详细的规定。

（2）固定资产确认和后续计量方法的比较。

关于固定资产的初始计量的规定，中国与吉尔吉斯斯坦两国的会计准则的差别并不是很大。在中国会计准则与吉尔吉斯斯坦会计准则中都区分外购固定资产、自行建造固定资产、接受捐赠固定资产、投资者投入固定资产、债务重组取得固定资产等几种不同的固定资产取得方式对固定资产进行初始计量，并且其价值的确定都应用历史成本属性。

中国与吉尔吉斯斯坦的会计准则都明确要求，除非有特殊情况的出现，否则不得任意改变已经确定的固定资产的历史成本。在固定资产的后续计量方面，中国与吉尔吉斯斯坦会计准则都包含修理固定资产、更新固定资产和改造固定资产几种情况。此外，在固定资产折旧方法的选择上，中国与吉尔吉斯斯坦会计准则的要求也没有较大的差别，都可以采用年数总和法、直线法、工作量法或双倍余额递减法进行折旧。无论中国还是吉尔吉斯斯坦会计准则均规定，固定资产当月增加当月不计提折旧，从下个月开始计提；固定资产处置当月仍计提折旧，从下月开始不再计提折旧。

固定资产价值重估是吉尔吉斯斯坦会计准则中使用的重要资产计量方法。在企业评估固定资产的公允价值时，企业一般不会自行进行评估，而是由第三方资产评估师进行专业的评估。资产评估师给出的固定资产评估结果与固定资产的账面价值进行对比，然后进行相应的调整。企业进行资产价值评估并不是一成不变的，在固定资产的整个使用寿命期限内，需要进行多次评估，不断调整固定资产的账面价值，使其与公允价值基本保持一致。但评估也不是越多越好，每进行一次评估需要耗费大量的人力、物力、财力，企业应根据自身实际情况确定评估需求，合理安排评估时间。在没有特殊情况下，最多每年评估一次。吉尔吉斯斯坦会计准则中对于资产评估做了规范：在每年年初，企业可以对其所拥有的固定资产的价值进行评估，若固定资产的价值上升，则将其正向的差额记入资本公积；若固定资产的价值下降，则抵消企业的未分配利润。吉尔吉斯斯坦会计准则中规定运用价值重估的评价方法来调整固定资产的账面价值，使固定资产的账面价值与其市场价值基本保持一致，不出现较大的差距。在对固定资产进行处置时，应该将原本因固定资产增值而计入资本公积的金额转入到企业未分配利润账户当中。在固定资产处置过程中发生的由于固定资产处置而产生的利得或损失应作为企业的当期损益，利得计入其他业务收入科目，损失计入其他业务支出科目。

吉尔吉斯斯坦会计准则中对于固定资产处置的规定与中国的规定差异很大。在盘点时间上，中国目前是要求企业定期盘点，至少于每年年末对全部固定资产进行全面的盘点清查。对于盘盈或者盘亏的固定资产，在报经批准处理之前，要把该固定资产的账面价值转入"待处理财产损溢——待处理固定资产损溢"账户中，同时，将"固定资产""累计折旧""固定资产减值准备"等与该固定资产相关的账户全部转销掉。经批准处理后，根据盘盈或者盘亏的具体原因分情况进行具体的处理。在盘亏的情况下，一般可以得到相关人员以及保险公司的赔偿，按照赔偿金额，增加"其他应收款"账户的金额，转销"待处理财产损溢——待处理固定资产损溢"账户，两者的差额作为损失处理。在盘盈的情况下，作为前期会计差错处理，在按管理权限报经批准处理前，应先将固定资产的账面价值转入"以前年度损益调整"科目，按管理权限报经批准之后则按照"以前年度损益调整"的金额调整所有者权益。

【案例5-3】A公司于2014年年末盘面盘查公司的固定资产，盘亏一台机器设备。发现该机器设备的账面金额为32万元，累计计提折旧15万元，减值准备5万元。中国与吉尔吉斯斯坦的会计处理差异如下。

中国账务处理：

借：待处理财产损溢——待处理固定资产损溢　　　120000
　　累计折旧　　　　　　　　　　　　　　　　　150000
　　固定资产减值准备　　　　　　　　　　　　　　50000
　　贷：固定资产　　　　　　　　　　　　　　　320000

吉尔吉斯斯坦账务处理：

借：待处理财产损溢——待处理固定资产损溢　　　170000
　　累计折旧　　　　　　　　　　　　　　　　　150000
　　贷：固定资产　　　　　　　　　　　　　　　320000

【案例5-4】B公司于2014年年底进行固定资产盘点，盘盈一台机器设备。重新购置该设备的成本为8000元，累计计提折旧4800元。中国、吉尔吉斯斯坦的会计处理差异如下。

中国账务处理：　　　　借：固定资产　　　　　　　　8000
　　　　　　　　　　　　　贷：累计折旧　　　　　　　4800
　　　　　　　　　　　　　　　以前年度损益调整　　　3200
（报经批准后）　　　　借：以前年度损益调整　　　　3200
　　　　　　　　　　　　　贷：营业外收入　　　　　　3200
吉尔吉斯斯坦账务处理：借：固定资产　　　　　　　　8000
　　　　　　　　　　　　　贷：累计折旧　　　　　　　4800
　　　　　　　　　　　　　　　以前年度损益调整　　　3200
（报经批准后）　　　　借：以前年度损益调整　　　　3200
　　　　　　　　　　　　　贷：其他业务收入　　　　　3200

吉尔吉斯斯坦与中国两国间会计准则固定资产准则的最大差异是计提固定资产减值准备。受经济发展水平和环境的影响，吉尔吉斯斯坦没有对固定资产减值准备作相关的规定。我国财政部在2006年进行会计准则改革时，在《会计准则第 8 号——资产减值》中明确规定将资产分为单项资产和资产组两种。在资产负债表日，企业要对固定资产是否出现减值迹象进行判断，如果出现减值迹象则要对其进行减值测试并计提减值准备。如果固定资产账面价值低于其可回收金额，则需要将固定资产的账面价值调整为可回收金额。在进行会计分录的处理时，将两者之间的差额作为企业的资产减值损失，计提固定资产减值准备，并计入当期损益。具体会计处理为：借记"资产减值损失"科目，贷记"固定资产减值准备"科目。通过固定资产重估确认固定资产价值，计提固定资产减值准备，可以达到提高企业所拥有的固定资产质量的目的，同时能有效地控制企业虚增其固定资产，帮助企业内外部的信息使用者更好地预期企业在未来一段时间内将会实现的经济利益的流入，为企业所提供的财务会计信息的真实性提供更好的保障。

5.4.3.2 无形资产准则的比较

中国的《企业会计准则第 6 号——无形资产》是规范无形资产的准则，吉尔吉斯斯坦规范无形资产的准则是《吉尔吉斯斯坦会计准则第 14 号——无形资产》。

（1）无形资产概念和内容的比较。

2006 年新会计准则《企业会计准则第 6 号——无形资产》规定：无形资产是指企业拥有或者控制的没有实物形态的可辨认非货币性资产。专利权、商标权、著作权以及特许经营权等都属于无形资产的范畴，它们没有实体形态，而是表现为某种法定权利或技术。可辨认性作为无形资产的一项重要特征。商誉不属于无形资产的范畴，商誉是在企业的发展过程中逐渐建立起来的，与企业不可分割，不能独立地为企业带来现金流量，具有不可辨认性。另外，商誉的成本也无法可靠计量，因此，商誉不能满足无形资产确认的条件，不能确认为无形资产。

吉尔吉斯斯坦《吉尔吉斯斯坦会计与报表条例》中对无形资产规定：无形资产与其他资产共同组成企业资产，是总资产中相当重要的一部分，能够在未来为企业带来现金流入创造收益。无形资产不具有实物形态且能较长期使用，满足无形资产的几个条件：预期该项资产在未来一定能够令企业获得现金流入，企业持有该项资产的目的是生产经营、提供劳务、用于管理等，而不是短期内出售；拥有取得经济利益的权利；能够独立产生现金流，其成本能够独立可靠核算；能够长时间地为持有者服务，其中所谓的长时间是指超过 12 个月或超过一个经营周期；该项资产在 12 个月内没有意向对外转让；有足够的证据确定入账成本；不存在物质形式的资产。

中国与吉尔吉斯斯坦对无形资产的定义存在一定的差异，原因主要有以下几点。

第一，中国和吉尔吉斯斯坦的政治体制不同，导致核算内容的不同，如土地所有权。1991 年 4 月吉尔吉斯斯坦对土地的所有权问题进行了改革，土地所有权逐渐由国家转移到了私人手中。吉尔吉斯斯坦财政部对企业会计准则进行了新的修订，对无形资产的内容进行了重新界定，无形资产中剔除了土地所有权。中国是以公有制为主体的社会主义国家，国家拥有对土地的所有权。中国的公民及企业可以有土地使用权而不可能拥有土地的所有权。因此，根据中国企业会计准则的规定，企业取得的土地所有权一般按无形资产进行列示。

第二，吉尔吉斯斯坦会计准则中无形资产包括开办费，而中国则却将开办费计入了"递延资产"科目进行核算。

第三，中国会计准则将研究开发活动分为研究和开发两个阶段，发生的费用也要分阶段进行不同的处理。研究费用直接计入当期损益。开发费用属于无形资产的确认条件则计入无形资产的成本；否则，计入当期损益。吉尔吉斯斯坦会计准则中没有明确规定，研究与开发费用可以作为无形资产进行计量。

（2）无形资产初始计量的比较。

无形资产的入账价值是指无形资产达到企业所期望的用途之前发生的所有费用的总和。企业的无形资产主要通过以下几个方式得到：购买无形资产、企业自己研发无形资产、作为权益资本得到无形资产、企业进行交换非货币性资产而取得的无形资产、通过债务重组得到的无形资产以及通过政府补助形式得到的无形资产。

中国会计准则规定无形资产应当按照成本进行初始计量。外购无形资产的成本，包括购买价款、相关税费以及直接归属于使该项资产达到预定用途所发生的其他支出。购买无形资产的价款超过正常信用条件延期支付，实质上具有融资性质的，无形资产的成本以购买价款的现值为基础确定。实际支付的价款与购买价款的现值之间的差额，除按照《企业会计准则第 17 号——借款费用》应予资本化的以外，应当在信用期间内计入当期损益。

对于外购无形资产这种情况，2006年新会计准则规定购买无形资产的成本包括支付的价款、相关税费和能够使无形资产达到预定可使用状态所发生的所有支出。对于采用商业信用交易的方式分期付款或者在未来期间以其他的方式支付对价的情形，准则也做出了规定：以购买价款的折现值作为无形资产的入账价值。实际支付的价款和折现值之间的差额将作为未确认融资费用。采用实际利率法将上述费用恰当地分配到各月当中。倘若其符合资本化条件，则确认为无形资产；否则，应在付款期限内计入当期损益，即财务费用。对于自行研发无形资产这种情况，企业应该执行新会计准则。研发支出要分阶段进行处理。归属于无形资产研究期间的，应直接在该期间计入损益。归属于开发期间的费用，如果符合无形资产确认的要求，形成无形资产的成本，不符合无形资产确认条件的则直接费用化，计入当期损益。如果一项无形资产是作为权益资本注入企业的，则除去非公允的情况无形资产的入账价值为合同或协议等相关文件中所达成一致的金额。

吉尔吉斯斯坦企业会计准则更为详细地描述了无形资产计量方面的一系列问题。吉尔吉斯斯坦会计准则中规定对于企业购买的无形资产，其入账价值等于企业购买时所支付的成本扣除增值税以及以后期间要返回的税金后的金额。具体来说，支付的成本包含购买时支付的对价、不予返回的税款，以及其他所有因购买无形资产这一经济事项而产生的税金和费用支出、进口时需要向海关缴纳的关税等费用、中介组织为该项购买活动提供服务而要求的支付的薪金、其他的可以直接归属于买入无形资产事项的支出。另外，购入无形资产之后，可能还需要对无形资产进行进一步的安装调试。发生的相应支出，如工人的薪酬、使用的原材料等，也包含在无形资产的成本当中。

总体来讲，对于无形资产的计量方面，中国会计准则要比吉尔吉斯斯坦会计准则中更粗略一些。中国在这一方面的规定更倾向于导向性的，而吉尔吉斯斯坦则是具体性的。在对无形资产的规定上，相比于中国会计准则而言，吉尔吉斯斯坦会计准则与国际会计准则更为一致。

（3）无形资产摊销的比较。

对于无形资产的摊销，中国新会计准则与吉尔吉斯斯坦会计准则大体相同，无形资产不同，其使用期限不同。中国新会计准则对摊销期限进行了新的规定，不再规定摊销期限必须是十年之内的要求。无形资产在摊销期限能够合理地反映无形资产在未来现金的流入和流出。依据新会计准则，企业取得无形资产后应当首先分析判断无形资产的使用寿命,其判断依据具有先后顺序性。法律法规为第一种判断依据是无形资产的使用期限要在规定的时间之内;第二种判断依据是根据合同规定;第三种判断依据是以相同或者相似的无形资产为参照物,结合其他影响因子得出一个较为符合实际的期限。如果以上三种方法都不能确定出该无形资产的使用期限,则该无形资产的使用期限为不能判定。如果无形资产的使用寿命是可以估计的,则应当使用恰当的方式估计该年限。使用期限的计量基础不是只有单一的年份,企业可以根据无形资产的性质或者其提供服务的方式以其他的计量单位来规定其期限;如果无形资产为企业提供服务的期限无法估计,那么就应当看作无形资产的使用寿命不确定。使用期限有限的无形资产应当将其价值在估计的年限内以恰当的方式予以分摊。应摊销的金额为无形资产的入账价值减去预先估计的净残值的差额。对于计提过减值准备的还要在上述差额的基础上再减去累计的减值准备余额。一般情况下,无形资产的残值为零,另有特殊规定的除外。企业在确定摊销方式之前要先确定无形资产为企业带来经济利益的方式。如果能够确定,则将其作为企业选择摊销方式的基础;否则,只能使用直线法。对于使用寿命不确定的无形资产不进行累计摊销,但每年年末需要对其进行减值测试。新准则对无形资产摊销的规定更加灵活,使企业拥有了更多的主动权。

  吉尔吉斯斯坦会计准则中用严谨而细致的陈述规范了无形资产的摊销,对于确定无形资产使用年限做了如下具体规定:知识产权性质的,如专利、经营许可等在确定使用年限时要以法律为准绳;可以估计为企业服务并带来效益的年限。无形资产的使用期限要在企业的经营期限之内,企业在取得无形资产时就要确定其摊销年限,并且该年限一旦确定下来,没有特殊情况出现就不能够任意改变。准则中还规定了几类不能进行摊销的情况,主要包括使用年限不确定的无形资产、非营利性组织和单位所拥有的无形资产等。有使用年限的无形资产,企业应该根据自身实际情况选择采用直线法进行摊销、双倍余额递减法进行摊销或者采用生产总量法进行摊销。未对年限进行限定的无形资产可以在20年以上的期限内摊销,但其摊销年限必须在企业的运营寿命之内。吉尔吉斯斯坦曾经就无形资产准则项与国际会计准则进行详细对比,根据两者之间的具体差别,吉尔吉斯斯坦发布了《按照国际财务报告准则的无形资产》。

  中国经过在新会计准则中对无形资产的有关规定进行修订之后,实现了向国际会计准则的靠拢。中国与吉尔吉斯斯坦采用了完全不同的方式对无形资产进行摊销。

第一，关于摊销寿命。依据中国会计准则，企业按照以下三者孰短的原则来确定：无形资产的估计使用寿命、有效寿命以及企业受益寿命。而在吉尔吉斯斯坦，企业应该按照《无形资产核算》的规定用以下几种方式来确定无形资产有效使用寿命：知识产权类的无形资产以法律法规的规定为准；估计企业受益的年限。无形资产有效使用寿命必须在企业的经营寿命之内，而且无形资产摊销寿命一旦确定，在没有特殊情况时，就不能够任意改变。若无形资产的使用寿命无法确定，则令其摊销寿命为 20 年。上述要求与国际会计准则在总体上限制在 20 年的规定保持一致。

第二，摊销方法。当商誉为正值时，其入账价值要通过折旧在各期内平均分配；当商誉为负时，商誉应划分为业务收入并逐步结转到企业利润中。中国的《企业会计准则第 6 号——无形资产》中明确指出企业自身产生的商誉不符合无形资产的确认条件，因此不能作为无形资产。但是，仅仅有上述规定来指导商誉的会计核算太过简单。以商誉为负值的情形来说，虽然与一般的正的商誉相比较，负商誉的价值是负的，但这仅仅是以货币计量为基础的外在形式的表现，从其内在实质看，负的商誉也代表着企业预期经济收益流入的可能性。

第三，有关披露。国际会计准则第 38 号《无形资产》规定，无形资产的披露要分类进行。披露的内容不仅包括摊销寿命或摊销比率、摊销的方式，还应包括期初账面价值、期末账面价值以及累计的无形资产摊销额等。中国企业会计准则中包含上述内容，另外，还规定要对无形资产账面价值变动的原因进行说明，特别指出要披露土地使用权的获得方法和入账价值。吉尔吉斯斯坦在《无形资产核算》也基本包含国际会计准则中的披露要求，另外，强调要披露以下内容：无形资产的有效使用寿命；无形资产计提折旧所使用的方法；无形资产计提折旧的会计核算方式；除以货币方式取得无形资产的情况外，企业要对确定无形资产价值的方式进行说明。中吉两国会计准则在无形资产披露方面的要求基本一致。吉尔吉斯斯坦会计准则中没有无形资产减值的相关描述，中国的企业与吉尔吉斯斯坦的企业将依据不同的准则，以不同的方式对无形资产处理进行核算。由于经济周期的存在以及经济发展的不确定性，经济危机的发生会严重影响企业的发展，而且技术更新的速度越来越快，无形资产所带来的经济利益的流入的可能性极易发生变化，进而使无形资产出现减值的现象。按照国际会计准则以及各国的一般处理方式，遵循会计谨慎性要求，需要对无形资产计提减值准备。

（4）无形资产处置的比较。

中国会计准则和吉尔吉斯斯坦会计准则都规定处置无形资产所产生的损益应计入当期损益，并最终结转入企业经营成果中去。《中国企业会计准则——收入准则》对无形资产的出租进行了规定。依据该准则，无形资产出租依据让渡资产使用权而取得收入的相关情形进行处理。租金符合收入确认条件的，要根据出租方与租赁方协定的金额进行确认。根据配比原则，企业在将租金确认为企业收入的同时，应该将无形资产的摊销额作为成本进行确认。吉尔吉斯斯坦会计准则《无形资产核算》单独对与知识产权、使用权相关的业务进行了规定。所有者和使用者订立的许可合同、协议等相似的法律性文件是企业进行会计核算的主要依据。若企业拥有并保留了无形资产的所有权，则该项无形资产即使被出让也应该在本企业中进行核算。吉尔吉斯斯坦会计准则《无形资产核算》要求，上述情形下的无形资产并不需要与其他无形资产进行区别处理，而且企业要对该项无形资产进行计提折旧或进行摊销。另外，准则要求企业应该在表外账户中反映该无形资产。企业租入无形资产并支付租金时，若采用分期付款的方式，允许依照协议商定的流程和分期付款的时间增加当期的费用；若采用一次性付款的方式，允许在付款的会计期间内将其全部计入待摊费用账户中，并在商定的时间里按期摊销。

5.4.3.3　收入会计准则对比

中国会计准则的第 14 号准则是收入准则，在吉尔吉斯斯坦会计准则中收入准则是第 9 号。收入是指公司在平时生产或生活中所产生的、会促使所有者权益变多、与所有者投入资本没有关系的经济总收益，包括除了为第三方或顾客代理收取的费用以外的销售产品带来的收入、供给劳力获得的收入、让渡资产使用权获得的收入等。

（1）收入准则定义的比较。

收入是利润表的重要成分占据利润的大部分。中吉两国分别对会计准则里相关的收入准则进行了界定，并且收入的定义在两国是不同的。中国的会计准则规定收入是指公司在平时生产或生活中所产生的、会促使所有者权益变多、与所有者投入资本没有关系的经济总收益。其中，企业为达到经营目标进行的日常生产或生活以及与之相关的其他事项就是前面所指的日常生产或生活。主营业务和其他业务带来的收入构成了中国收入准则里的收入。企业为了达到生产经营目标而进行的经常性的生产或生活中的主要业务就是以上所指的主营业务，主要业务范围可依据企业营业执照上的规定来界定。例如，主营业务以销售产品为主的常见企业类型有商品流通企业和工业企业，主营业务以贷款和办理企业结算为主的常见企业类型是银行等。企业的重点业务就是主营业务，我们应该认真计算主营业务，因为其是企业收入的主要来源之一。因此，企业为了核算主营业务形成的收入应该设置"主营业务收入"科目；其他业务是指企业中除主营业务以外的所有与主营业务相关的附属业务，例如，工业企业出租其自有的固定资产、商品制造企业销售原材料等。其他业务具有不经常发生、所带来的收入占总收入比重小的特点。即使具备这样的特点，其他业务作为企业的日常活动，企业应该设置"其他业务收入"对其单独核算，以便能够对企业的收入进行完整计量。

吉尔吉斯斯坦收入准则里的收入是指：企业经济总收益，会引起资产的变多或者负债的变少，会使所有者权益变多，但是投资者投入的部分不包括在内。所以收入是指经济收益的变多但是剔除投资者投入的部分。

中吉两国的会计准则中有关收入的定义基本相同，但在详尽的分类上是不同的。吉尔吉斯斯坦会计准则里的主营业务收入、营业外收入和其他业务收入等构成收入准则里的收入。销售产品带来的收入、供给劳力获得的收入、让渡资产使用权获得的收入构成主营业务收入。让渡资产使用权获得的收入、出售固定资产获得的利得等构成其他业务收入。罚款、违约的款项、捐赠获得的收入等构成营业外收入。中吉两国会计准则里有关收入的界定的主要不同是为在中国主营业务和其他业务带来的收入构成了收入准则里的收入，相比吉尔吉斯斯坦会计准则里收入的界定范围更小了。中吉两国有关主营业务收入的定义基本是一样的，然而在其他业务收入的定义上是不同的。中国定义的其他业务收入是指除主营业务收入以外的所有收入，然而吉尔吉斯斯坦将其他业务收入、营业外收入和非常项目收入定义为除主营业务收入以外的所有收入，两国不同的界定会使编制的会计报表存在不同。

（2）收入确认条件的比较。

吉尔吉斯斯坦会计准则和中国会计准则中有关收入的确认条件界定也有不同。中国会计准则中的有关规定为：销售产品带来的收入如果要确认为收入应该符合以下所有条件。①购买商品的一方已经拥有商品所有权上的大部分风险和报酬；②企业不仅没有保存与所有权相关联的继续管理权，而且也没有对已经销售出的产品实行有效的控制；③收入取得的报酬可以准确计量；④与此相关联的事项很可能导致企业经济收益的增加；⑤与此相关联的已经发生或者将来要发生的成本可以计算。吉尔吉斯斯坦会计准则中的规定收入应该同时满足：①企业拥有权利取得这项收入是由已经签订的合同或有其他类似方式可以作为证明依据的；②购买方已经拥有产品或商品的所有权（占据拥有的权利、支配和使用的权利）；③收入取得的报酬可以准确计量；④与此相关联的事项很可能导致企业经济收益的增加；⑤与此相关联的已经发生或者将来要发生的成本可以可靠计算。在第一项规定中，吉尔吉斯斯坦会计准则规定的收入的确认条件是法律形式上的，在中国会计准则中的规定是大部分风险和报酬的转移。中吉两国规定存在不同主要在于，是所有权转移还是和所有权有关的风险和报酬的转移。即使转移所有权，所有权上的风险和报酬也可能没有转移掉。例如，当购买一方从购买的商品再次销售中获得的收入决定销售产品带来的收入时，或者企业提出若顾客不满意商品可以给予补偿的情况（对本来存在的保修条款以外的规定），销售产品的行为已发生，购货方已经获得了产品，企业有关所有权（如占有、使用和支配权）的权利已经发生了且都给了购货方，但是并没有把与所有权有关的风险和报酬给予购货方。那么，依据吉尔吉斯斯坦会计准则中对收入的界定应该认定为收入，而依据中国会计准则是不应该认定为收入的。两国存在不同认定结果的根源是吉尔吉斯斯坦会计准则中与所有权有关的风险和报酬转移的界定是不能被大众所承认的。

吉尔吉斯斯坦收入准则与中国会计准则中有关供给劳力获得的收入的确认条件也是存在不同的，两国的不同在于确认条件里不把完工进度可以准确确定作为供给劳力获得的收入。吉尔吉斯斯坦会计准则与中国会计准则中有关让渡资产使用权获得的收入的确认条件是相同的。中吉两国收入准则主要内容进行比较，如表5-10所示。

表5-10　　　　　中国与吉尔吉斯斯坦在收入会计准则的比较

会计准则	中国	吉尔吉斯斯坦	不同点
收入的界定	主营业务收入、其他业务收入	主营业务收入、营业外收入、其他业务收入、非常项目收入	吉尔吉斯斯坦收入范围更广

续表

会计准则	中国	吉尔吉斯斯坦	不同点
收入的确认	①购买商品的一方已经拥有商品所有权上的大部分风险和报酬；②企业不仅没有保存与所有权相关联的继续管理权，而且也没有对已经销售出的产品实行有效的控制；③收入取得的报酬可以准确计量；④与此相关联的事项很可能导致企业经济收益的增加；⑤与此相关联的已经发生或者将来要发生的成本可以计算	①企业拥有权利取得这项收入是有已经签订的合同或有其他类似方式可以作为证明依据的；②购买方已经拥有产品或商品的所有（占据拥有的权利、支配和使用的权利）；③收入取得的报酬可以准确计量；④与此相关联的事项很可能导致企业经济收益的增加；⑤与此相关联的已经发生或者将来要发生的成本可以可靠计算	差异是前两点：吉尔吉斯斯坦会计准则规定的收入的确认条件是法律形式上的。中国会计准则中的规定是大部分风险和报酬的转移

5.4.4 土耳其会计准则

中国、土耳其所得税会计准则比较如下。

（1）纳税义务人比较。

根据2012年7月颁布的土耳其《新商法典》，在土耳其从事经营活动的企业有以下三种形式，即独资公司、合资公司和合作组织。其中合资公司又包括股份公司、有限责任公司、集体公司和两合公司。企业所得税的纳税人主要是合资公司和合作组织。我国企业所得税法规定，除个人独资企业、合伙企业不适用企业所得税法外，凡在我国境内，企业和其他取得收入的组织均为企业所得税的纳税人。土耳其的居民企业界定遵循法定总部标准和有效经营管理机构标准：任何一家企业，只要其法律意义上的总部或有效经营管理机构在土耳其境内，即可认为是土耳其的居民企业，否则视为非居民企业。居民企业负无限纳税义务，需要就其取得的来源于土耳其境内、境外的全部所得缴纳企业所得税；非居民企业只就其取得的来源于土耳其境内的所得缴纳企业所得税。我国的居民企业的判定标准是登记注册地标准和实际管理机构地标准，两国对居民/非居民企业的认定标准从理论上来说基本一致。

（2）企业所得税税率比较。

土耳其的所得税税率尽管与我国一样，也是采用比例税率（税率为

20%)。但是土耳其规定外国企业分支机构的税后利润,要汇回母公司需缴纳15%的预扣税。企业所得税的计算标准如表5-11所示。

表5-11　　　　　　土耳其外国企业分支机构的税收负担

应纳税所得额	100.0
企业所得税(20%)	20.0
税后利润(预扣税基)	80.0
预扣税(15%)	12.0
总税收负担	32.0

从表5-11中可以看出,境外分支机构在土耳其的所得税负担为32%。我国的企业所得税基本税率为25%,另外还有低税率20%,以及小微企业和高新技术企业等的优惠税率。

(3)扣除项目的比较。

中土两国对扣除项目的规定,也都遵循了"有关的"和"合理的"这两项国际通行准则。但对于哪些项目可以扣除,具体到每一个项目该扣除多少,两国规定则不尽相同。具体内容如表5-12所示。

表5-12　　　　　　中国与土耳其应税扣除项目比较

扣除项目	中国	土耳其
工资、薪金支出	合理的据实扣除	据实扣除,采用实物支付的也可以扣除,但同时应视为收入缴纳个人所得税
业务招待费	按照发生额的60%扣除,最高不得超过当年销售收入的5‰	发票上需注明消费目的以及招待客户的名称方可扣除
广告费和业务宣传费	销售收入的15%,可以无限期结转以后年度扣除	全额扣除
捐赠	公益性捐赠,不超过年度利润总额12%的部分	对各类基金会(获得财政部的免税许可)或政府机构的捐赠,不超过公司应纳税收入5%的部分
税款扣除	除企业所得税和允许抵扣的增值税以外的各项税金及其附加,如消费税、营业税、关税、城建税等	房产税、印花税等各类地方税收可以扣除,所得税和增值税不能扣除
研究和开发费用	未形成无形资产的,允许再按研发支出的50%加计扣除。形成无形资产的,按照无形资产的150%摊销	一般按照100%扣除,若当年未抵扣完的可以结转下年继续抵扣

续表

扣除项目	中国	土耳其
机构开办费	可以再开始经营之日的当年一次性扣除也可以按照新税法有关长期待摊费用的规定处理，一经选定不得改变	企业可以自行决定是费用化还是资本化
以前年度亏损	5年内弥补	5年内弥补

我国税法规定的企业所得税的税收优惠方式包括免税、减税、加计扣除、加速折旧、减计收入、税额抵免等。在土耳其，同样有针对企业的一系列税收优惠政策，包括三大类：一是投资优惠。享受投资优惠需要获得土耳其财政部颁发的投资鼓励证书（IIC），获得该证书对投资地点和最低投资金额有一定要求。投资优惠允许企业按投资额的一定比例从企业应纳税所得额中扣除，以及诸如关税减免、增值税减免、贷款支持等多项优惠措施。二是出口导向优惠。在土耳其，不分国籍，无论个人还是企业都能申请在自由贸易区从事经营活动，前提是获得自由贸易区董事会（GDFTZ）的许可。自由贸易区的优惠政策包括个税、企业所得税减免、增值税减免等。三是其他税收优惠。例如，企业对业余体育运动的赞助支出可按100%扣除，针对私人教育企业和复健中心的应税收入有5年的免税期等。

5.4.5 部分国家税制、税负、税收的比较

"一带一路"沿线65个国家的经济发展水平各异，高收入国家（如新加坡）、中高收入国家（如罗马尼亚）、中低收入国家（如印度）、低收入国家（如柬埔寨）在税制方面的共性在于均以公司所得税、个人所得税（阿联酋和卡塔尔没有）和货物与劳务税（大多为增值税）为主，经济发展水平越高的国家，所得税比重越高，货物与劳务税比重越低。"一带一路"沿线部分国家税制对比如表5-13所示，税率比较如表5-14所示。

表5-13　"一带一路"沿线部分国家税制对比

税种	最高国家、税率	最低国家、税率	沿线国家平均税率
公司所得税	阿联酋的55%	乌兹别克斯坦的7.5%	19.3%
个人所得税	以色列、斯洛文尼亚的50%	黑山的9%	23.4%
货物与劳务税	匈牙利的27%	也门的5%	16.7%
社会保障税	俄罗斯的47.5%	缅甸的3%	18.5%

表 5–14　　　　　"一带一路"部分国家税率比较

序号	国家	个人所得税	企业所得税	社会保障和工薪税	增值税	消费税	其他
1	白俄罗斯		19.40%	24.50%	48.30%		7.80%
2	斯洛文尼亚	15.90%	3.00%	33.70%	38.20%	0.70%	8.40%
3	克罗地亚	7.40%	3.60%	34.10%	35.40%	10.90%	8.70%
4	捷克共和国	14.00%	10.20%	40.10%	20.40%	10.50%	4.80%
5	匈牙利	19.40%	6.40%	27.70%	23.80%	11.40%	11.40%
6	爱沙尼亚	23.00%	4.40%	33.80%	25.20%	9.70%	3.90%
7	斯洛伐克共和国	15.30%	8.50%	37.40%	22.40%	9.40%	7.10%
8	拉脱维亚	18.70%	6.40%	34.30%	24.50%	9.50%	6.70%
9	波兰	16.90%	7.70%	30.40%	24.50%	12.00%	8.60%
10	马其顿	14.80%	3.70%	33.30%	18.80%	16.00%	13.30%
11	爱尔兰	32.90%	9.70%	16.30%	19.90%	15.70%	6.00%
12	乌克兰	11.40%	16.00%	30.40%	21.60%	4.60%	16.00%
13	保加利亚	14.80%	10.20%	25.90%	29.50%	11.80%	7.90%
14	罗马尼亚	11.10%	9.80%	35.70%	20.70%	9.20%	13.40%
15	俄罗斯	8.90%	18.80%	26.70%	21.40%	7.60%	16.50%
16	立陶宛	27.90%	2.70%	23.80%	26.90%	12.20%	6.50%
17	乌兹别克斯坦	13.90%	14.30%		26.40%	28.20%	17.10%
20	摩尔多瓦	6.70%	7.20%	25.10%	32.30%	15.20%	13.50%
21	土库曼斯坦	12.50%	15.40%	24.00%	35.10%	10.60%	2.40%
22	亚美尼亚	9.20%	11.40%	13.00%	36.20%	13.00%	17.30%
23	哈萨克斯坦	36.50%		21.00%	38.10%		4.40%
24	阿尔巴尼亚	4.40%	8.90%	20.60%	36.10%	8.90%	21.10%
25	吉尔吉斯斯坦	7.20%	6.60%	25.30%	29.50%	15.10%	16.30%
26	阿塞拜疆	15.30%	16.00%	16.70%	29.20%	4.20%	18.70%
27	格鲁吉亚	13.50%	8.50%	17.00%	33.30%	12.80%	14.90%
28	塔吉克斯坦	9.30%	7.80%	10.10%	45.00%	4.60%	23.20%

5.5 部分国家的会计准则现状

5.5.1 印度尼西亚

印度尼西亚尚未要求国内企业采用国际会计准则。印度尼西亚正向国际会计准则的趋同过程中,但并不打算全面采用国际会计准则。印度尼西亚国家规定所有在公开市场上进行证券交易的外国公司都必须使用印度尼西亚的国家会计准则。印度尼西亚现在4套会计准则如下。

(1) 财务会计准则。

财务会计准则由印度尼西亚财务会计准则委员会(DSAK IAI)发布的财务会计准则(PSAK)和会计准则解释(ISAK)组成。这套标准是由国际财务报告准则转换而来的。

(2) 伊斯兰会计准则。

伊斯兰会计准则(SAS)适用于按照伊斯兰教义执行交易的实体。

(3) 非公共责任实体的财务会计标准。

非公共责任实体财务会计准则(SAK ETAP)旨在由不具有重大公共责任的实体在向外部用户发布通用财务报表时使用。

(4) 微型、小型和中型实体财务会计准则。

适用于没有或者不能满足非公共责任实体财务会计准则(SAKETAP)的微型、小型和中型实体。

印度尼西亚与国际准则趋同是保留当地的会计准则(PSAK),逐步将当地准则与国际准则尽可能地趋同。印度尼西亚会计准则(PSAK)与国际财务报告准则的主要差异如下:

(1) 合并财务报表:印度尼西亚会计准则在判断是否合并时,不仅考虑是否满足"控制"的定义,同时会加入相关风险报酬的考虑因素。此外,对于控制的定义,印度尼西亚会计准则主要偏重于股权比例的考虑,即当母公司持有一个实体半数以上的投票权时,控制被假定存在,除非在特殊情况下可以清楚地表明这种所有权不构成控制。

(2)对合营企业投资的核算：印度尼西亚会计准则规定，投资方应使用比例合并法，或者作为一种替代方法，使用权益法确认对合营企业的权益。

(3)公允价值：在投资性房地产、无形资产、租赁、收入、金融资产等准则中，印度尼西亚会计准则对于"公允价值"的定义与国际财务报告准则不同。印度尼西亚会计准则中对于公允价值的定义为：在公平交易中，熟悉情况的交易双方自愿进行资产交换或者债务清偿的金额。而在国际会计准则中强调公允价值是一种"退出价格"。

根据印度尼西亚对有限责任公司的规定，财务报表须进行审计的实体：收集和或管理公共资金的实体（银行、保险等）；向公众发行债务证书（如债券）的实体；上市实体；资产总额高于500亿印尼盾的实体；外国投资实体。

5.5.2 卡塔尔

卡塔尔规定国内公众公司必须使用国际会计准则。目前没有外国公司在卡塔尔交易所上市，卡塔尔商业法明确规定卡塔尔公司在编制合并及单体财务报告时需要采用国际会计准则。

对采用国际会计准则的例外情况：卡塔尔股票交易所允许一些伊斯兰金融机构采用由伊斯兰金融机构会计与审计工会颁布的准则（AAOIFI）。

所有在卡塔尔的公司都须经年度审计，且审计师直接采用国际审计标准IAS进行审计。卡塔尔税务部门要求所有全部或部分外资（非海湾合作委员会）企业提交本地注册会计师签署的经审计的财务报表以及税务申报单。2011年8月7日的第4/2011号通知规定，卡塔尔或海合会国民全资拥有的公司和常设单位股本大于等于200万卡塔尔里亚尔或者总收入大于等于1000万卡塔尔里亚尔，必须提交企业所得税申报表。

5.5.3 匈牙利

匈牙利规定所有在受监管市场上从事证券交易的国内企业和外国公司都必须采用欧盟国际会计准则编制合并财务报告。但当欧盟认为外国公司所在的本国司法管辖区所采用的财务报告准则等同于国际会计准则时，则该外国公司可采用其本国会计准则。

2002年6月，欧盟采纳了国际会计准则的相关规定，要求所有在欧盟资本市场上市的公司，从2005年起须采用欧盟国际会计准则编制合并财务报告。

作为欧盟成员的匈牙利，其在欧盟（EU）或者欧洲经济区（EEA）上市的公司须采用欧盟国际会计准则。对于成员国，欧盟会计准则委员会给予成员国相关选择权，可以要求或允许在编制单体财务报表或非上市公司财务报表时使用欧盟国际会计准则。

2015年6月12日，匈牙利政府决定扩大国际会计准则在匈牙利公司财务报表中的应用，做出相关规定：（1）自2016年1月1日起，在欧洲经济区（EEA）上市的公司或其母公司已使用国际会计准则编制合并财务报告要求其编制国际会计准则财务报表的子公司，自愿采用国际会计准则。（2）自2017年1月1日起，在欧洲经济区（EEA）上市的公司必须采用国际会计准则。（3）自2017年1月1日起，保险公司及财务报表需要强制审计的公司自愿选择采用国际会计准则。（4）自2018年1月1日起，所有其他金融机构必须采用国际会计准则。其余公司按照匈牙利会计法的规定编制财务报告。

匈牙利准则在对无形资产的确认，收入、费用的确认，财务报表中的一般披露，财务报表的形式都与国际会计准则存在差异。（1）财务报表列示：在匈牙利准则下，相关资产负债表及利润表的列示在会计法附录中被规定，而国际会计准则给予企业更大的选择权根据自身的会计政策列示相关财务报告。（2）其他综合收益：匈牙利准则下目前没有其他综合收益表的概念，在国际会计准则下计入其他综合收益的交易，在匈牙利准则下都直接计入权益或利润表。（3）固定资产：国际会计准则允许企业选择重估模型进行固定资产后续计量，相关重估影响计入其他综合收益，并以重估后的价值作为计提折旧的基础。虽然匈牙利准则下也允许重估模式进行固定资产后续计量，但也有不同之处，如匈牙利准则下无其他综合收益表，所以计入权益的重估影响仅在附注中披露。此外，重估模型不会改变折旧的计提基础。（4）投资性房地产：国际会计准则有对投资性房地产的定义及相关计量模式（历史成本模式及公允价值模式）；而匈牙利准则下无此概念，通常情况下房地产企业使用成本模式计量投资性房地产，虽然在固定资产准则下企业可以选择以公允价值模式进行后续计量。（5）无形资产：与固定资产重估模式类似，匈牙利也允许企业对无形资产采用重估模式进行后续计量，重估影响计入权益，但计提摊销的基础仍为历史成本。而国际会计准则要求仅当存在活跃的市场的情况下，才可以对无形资产采用重估价值，如果使用重估模式，国际会计准则要求将重估后价值作为计提摊销的基础。(6) 金融资产：匈牙利准则下每家公司都可以采用公允价值，虽然实务中非常少见。匈牙利准则更加注重法律形式对会计处理的影响，金融资产基本以成本计量，利息也是基于合同条款而非实际利率法确认。国际会计准则不会决定相关工具的分类而是其性质决定分类，并且使用摊余成本模式计量利息。(7) 收入确认：匈牙利准则对收入确认更多的是基于法律形式。企业发生的非经常性的业务活动也会作为收入核算。匈牙利没有相关代理人/主要责任人的判断的具体规定（全额/净额确认收入）。工程合同及提供服务的相关收入在合同完成时或者重要时点达成时确认。销售折扣基于不同的形式，在匈牙利准则下可能会计入收入、其他费用、财务费用或者非经常性费用。对于有多个组成部分的销售合同，也无相关具体指引。收入确认也不会考虑时间价值的因素。这些都与国际会计准则都存在差异。(8) 员工福利：对于设定收益计划，匈牙利准则无明确规定，而国际会计准则列有非常详细的规定。(9) 股份支付：匈牙利准则并没有明确的股份支付的相关规定，而国际会计准则对于现金结算或股份结算的股份支付都有明确的规定。(10) 所得税——递延所得税：匈牙利准则下单体报表并无递延所得税的概念，在合并财务报表中，只有少数几类暂时性差异才会导致"因合并财务报表而导致的企业所得税差异"。这与国际会计准则不同。

5.5.4 泰国

泰国规定国内公众公司必须使用泰国会计准则。泰国会计准则与国际会计准则实质趋同，但国际会计准则中的金融工具准则没有采用。泰国会计准则中有些国内的金融工具准则与国际会计准则不同。

泰国会计准则有专门的制定者及专业机构：泰国会计职业联合会（IFAC成员）。其负责管理全国会计工作；起草会计法律、行政法规草案；研究提出会计改革和发展的政策建议；拟订并组织实施国家统一的会计准则制度、管理会计标准、内部控制规范、会计信息化标准等；拟订政府会计准则和行政、事业单位会计制度；负责全国会计人才工作；对注册会计师行业进行监督、指导，制订注册会计师行业规章制度和政策措施。

泰国现有2套经核准的会计准则，以及1套将要生效的会计准则。公众公司强制使用的泰国财务报告准则（TFRSs）和非公众公司可以选择使用的财务报告准则——泰国非公众公司会计准则（NPAEs），未来将被泰国中小企业财务报告准则（TFRSs）替代泰国中小企业财务报告准则（TFRSs for SMEs）。泰国会计职业联合会承诺于 2019 年使用金融工具相关准则，即国际会计准则 9、IAS32 和国际会计准则 7。

泰国的所有上市公司和金融机构，无论是合并财务报表还是单独财务报表，应当采用泰国财务报告准则（TFRSs），但也允许上市公司的财务报告采用一种泰国财务报告准则附加国际会计准则的方式，即在使用泰国财务报告准则的基础上，允许上市公司采用国际会计准则。

在泰国注册的公司都需要审计，其使用的审计准则与国际审计准则 IAS 非常相似。

5.5.5 新加坡

新加坡规定上市公司必须使用新加坡财务报告准则（SFRS），新加坡财务报告准则与国际会计准则实质趋同。根据上市规则，新加坡证券交易所上市的所有外国公司均允许使用国际会计准则。

新加坡直接采用国际会计准则的模式有三套经核准的会计准则，分别为：（1）新加坡财务报告准则（SFRS）：适用于除采用新加坡中小企业财务报告准则的中小企业之外的企业；（2）国际会计准则（IFRS）：适用于新加坡证券交易所上市的当地企业，于 2018 年 1 月 1 日或以后日期开始的年度期间生效；（3）新加坡中小企业财务报告准则（SFRS for SMEs）：适用于中小企业。

新加坡当地企业（包括上市及非上市公司），无论是合并财务报表还是单独财务报表，都应当采用与国际会计准则几乎相同的新加坡财务报告准则。新加坡财务报告准则仅对国际会计准则作出了少许修订，因此两者在很大程度上是相同的，但也存在差异，如未采用解释公告 2 号，对少数准则中某些豁免、过渡性规定或生效日期作出修改，或对某些准则提供额外指引。新加坡的中小企业采用新加坡中小企业财务报告准则，该准则直接采用中小企业国际财务报告准则，除了在准则适用范围外，即对中小企业的定义方面存在一些差异。

新加坡审计准则与国际审计准则（即国际会计师联合会颁布的标准）完全一致。新加坡规定公司必须进行年度审计，除非符合公司法 205B 或 205C 章的审计豁免条款，即公司股东不超过 20 名并且全部为个人股东，公司的年营业额不超过 500 万新加坡元。

5.5.6 马来西亚

马来西亚规定公司必须使用马来西亚财务报告准则（MFRS），马来西亚财务报告准则实质上等同于国际会计准则。马来西亚上市的外国公司也要使用国际会计准则。

马来西亚直接采用国际会计准则的模式。马来西亚现有 2 套经核准的会计准则：（1）马来西亚财务报告准则（MFRSs）：对非公众公司之外的企业适用的财务报告准则；（2）马西亚非公众公司财务报告准则（MPERS）：适用于非公众公司。

马来西亚会计准则理事会负责认可国际会计准则，并不作修改地形成马来西亚财务报告准则（MFRS）。马来西亚的所有公众公司（包括上市公司和金融机构）自 2012 年起，无论是合并财务报表还是单独财务报表，都应当采用国际会计准则（当地称为"马来西亚财务报告准则"）。而只有农业企业和房地产企业现行使用的马来西亚本国会计准则，其与国际会计准则之间的差异包括：马来西亚本国会计准则未包含国际会计准则 41 号、国际财务报告准则 15 号及国际财务报告准则解释公告 15 号的相关内容。马来西亚本国会计准则规定农业企业的生物资产按照成本计量；允许房地产企业采用完工百分比法确认房地产开发活动的相关收入和成本。马来西亚非公众公司报告财务准则直接采用中小企业国际财务报告准则，除了在房产开发活动及一些术语上有所修改。马来西亚所使用的会计准则，无论是马来西亚财务报告准则（MFRSs）还是马来西亚非公众公司财务报告准则（MPERS）均与国际会计准则非常相似。

根据马来西亚的《公司法》2016 年注册成立的所有公司均须接受审计。根据《公司法》2016 年公司注册相关管理部门有权豁免根据这些公司的审计要求。马来西亚使用的审计准则与国际审计准则（即国际会计师联合会颁布的标准）完全一致。

5.5.7 阿联酋

阿联酋规定在迪拜金融服务管理局（DFSA）和阿布扎比证券交易所上市的公司均须使用国际会计准则。迪拜金融市场（PJSC）上市的公司允许使用国际会计准则。在阿联酋上市的外国公司必须使用国际会计准则。

阿联酋采取了国际会计准则的模式。根据 2015 年 7 月 1 日起执行的《阿联酋商业公司法》2015 年的 2 号文，规定要求所有公司需要按照国际会计准则编制财务报告（中小企业适用中小企业国际财务报告准则），也规定了采用国际会计准则的例外情况：在某些极个别情况下，阿联酋中央银行会对贷款损失准备金有额外的要求；在实际操作中，IAS19 员工福利准则中关于辞退福利的部分，由于执行成本或缺乏精算数据的原因而无法适用，对于董事薪酬，当地法律规定须计入权益科目。以上两项都与 IAS19 的规定不符，但由于其影响较小，在实务操作中也被采纳。

阿联酋规定除了独资企业以及一些自由区不需要对某些实体进行审计之外，其他所有实体需要根据《阿联酋商业公司法》的规定进行审计。阿联酋使用的审计准则也与国际审计准则非常相近。

5.5.8 波兰

波兰规定所有在受监管市场上从事证券交易的国内企业均须使用欧盟国际会计准则编制合并财务报表。外国公司必须采用欧盟国际会计准则编制合并财务报表，但当欧盟认为外国公司所在的本国司法管辖区所采用的财务报告准则等同于国际会计准则，则该外国公司可采用其本国财务报告准则。

2002 年 6 月欧盟采纳了国际会计准则的相关规定，要求所有在欧盟资本市场上市的公司，从 2005 年起须采用欧盟国际财务报告准则、国际会计准则编制合并财务报告。作为欧盟成员的波兰，其在欧盟（EU）或者欧洲经济区（EEA）上市的公司须采用欧盟国际财务报告准则。对于成员国，欧盟会计准则委员会给予成员国相关选择权，可以要求或允许在编制单体财务报表或非上市公司财务报表时使用欧盟国际财务报告准则。波兰允许上市公司使用欧盟国际财务报告准则编制单体财务报表；要求所有银行使用欧盟国际财务报告准则编制合并财务报表；允许非上市公司在符合特定条件下（其母公司使用欧盟国际财务报告准则编制合并财务报表，或者正在申报上市过程中的公司）使用欧盟国际财务报告准则编制合并及单体财务报表。除此之外，企业应当使用波兰当地的会计准则。

波兰会计准则委员会（KSR）隶属于波兰财政部，制定国内的会计准则。无须采用国际会计准则的其他企业，可以选择采用波兰会计准则委员会发布的准则。波兰当地会计准则与国际会计准则有些相似，但在各项准则上却有部分差异，主要差异体现在企业合并、合并财务报表、商誉、收入、金融工具计量

与分类等准则及公允价值的运用,具体如下:

(1)企业合并:①在波兰会计准则中,在原股东未丧失控制权的企业合并中可以使用权益结合法,而国际会计准则只允许使用购买法(同一控制企业合并并不在国际会计准则 3 范围内)。企业合并的直接相关成本在波兰会计准则下计入收购成本,国际会计准则计入收购发生当期的损益。②非控股权益的计量,波兰会计准则要求按照在被购买方可辨认净资产中所占的比例份额进行计量。国际会计准则规定非控制性权益可以选择按上述方法或者按公允价值计量。而对于未丧失控制权下的少数股东股权交易,波兰会计准则是作为收购/出售交易,相关影响计入当期损益或商誉。国际会计准则规定此类交易作为权益交易,相关影响不会计入当期损益或商誉。③控制的定义:波兰会计准则对于"控制"的定义仍然沿用修订前的国际财务报告准则中的相关描述,即强调对于被投资公司财务及经营决策的控制以达到从其经营活动获得相关利益。

(2)商誉:①波兰会计准则商誉是收购价与被收购资产的净公允价值之间的差额。国际会计准则商誉为收购对价与被收购方可辨认净资产的公允价值之间的差异。对于或有对价的核算也存在差异,波兰会计准则只有在导致或有付款的未来事项很有可能发生和支付金额能够可靠确定的情况下,才计入收购对价中。如果实际支付金额与估计数不同,则需要适当调整收购成本和商誉、负商誉。国际会计准则在确定收购对价时均须考虑或有对价,对于或有对价的后续计量则根据其分类为负债或权益而各自按适用准则计量。②波兰会计准则允许对商誉在相关使用年限内进行摊销,如无法可靠确认相关使用年限,准则规定须在不超过 5 年的期间内摊销。相关摊销使用直线法并计入其他经营费用。③商誉减值测试未在波兰相关商誉准则中明确规定,而是在资产减值相关准则中提到须每年进行减值测试。

(3)金融工具:①波兰会计准则对金融工具的分类与现行的 IAS 39 大致相同,区别在于,对于银行之外的企业只有交易性金融资产/金融负债才可以按公允价值计量且公允价值变动计入损益,而不允许在初始确认时将金融资产/金融负债指定为以公允价值计量且公允价值变动计入损益;对于银行之外的企业,可供出售金融资产的公允价值变动,可以选择将公允价值变动计入当期财务收入或费用,或者计入重估储备。②波兰会计准则下对金融资产减值的计量没有具体规定。

(4)合并财务报告的编制:①波兰会计准则非公众实体在满足一定条件的

情况下可豁免编制合并财务报告;国际准则中可以豁免的投资性实体在波兰会计准则下无法被豁免。②波兰会计准则当收购企业仅仅是为了再出售时,可豁免合并该子公司;国际会计准则无此项豁免。③对于少数股东权益,波兰会计准则将其作为单独的负债及权益类别;国际会计准则作为集团权益来列报。④未丧失控制权情况下增加或减少所持有子公司的股权,波兰会计准则对于子公司权益的变动会确认为财务收入/支出;国际会计准则作为权益交易处理。⑤比例合并法在波兰会计准则是被允许的;国际会计准则不被允许。

(5)收入确认:由于波兰会计准则相关收入确认未受到会计法的管辖,在实际操作层面,与国际会计准则 15 有大量的差异存在。

(6)公允价值的运用:波兰会计准则公允价值的运用范围比较小,如不允许使用公允价值模型计量不动产、厂场和设备,除非是法定重估要求;不允许使用公允价值模型计量无形资产。如果部分会计问题未在 KSR 或者波兰会计法中涉及,企业可以选择参考相关国际会计准则的规定。波兰会计准则的实际执行效力非常强,能够全面按照准则实施,总体来说,规模越大的公司实施得更加全面彻底。波兰很少有公司编制公司治理情况报告。

波兰规定银行与保险公司、基金、上市公司和满足以下两个以上条件的企业需要经审计:雇员人数超过 50 人、总资产超过 250 万欧元、销售额超过 500 万欧元。波兰使用的审计准则与国际审计准则(即国际会计师联合会颁布的标准)大体一致。

5.5.9 捷克

捷克规定所有在受监管市场上从事证券交易的国内企业均须使用欧盟国际会计准则编制合并财务报表。外国公司必须采用欧盟国际会计准则编制合并财务报表,但当欧盟认为外国公司所在的本国司法管辖区所采用的财务报告准则等同于国际会计准则,则该外国公司可采用其本国财务报告准则。

作为欧盟成员的捷克,其在欧盟(EU)或者欧洲经济区(EEA)上市的公司须采用欧盟国际财务报告准则。对于成员国,欧盟会计准则委员会给予成员国相关选择权,可以要求或允许在编制单体财务报表或非上市公司财务报表时使用欧盟国际财务报告准则。捷克要求上市公司的合并及单体财务报告都需要使用欧盟国际财务报告准则。允许非上市公司在编制合并财务报告时使用欧盟国际财务报告准则。允许非上市公司在编制单体财务报告时在符合特定条件下（其母公司须使用欧盟国际财务报告准则编制合并财务报告）使用欧盟国际财务报告准则。企业应当使用捷克当地的会计准则，捷克还有按照不同行业制定的会计准则如企业（公告序号500/2002）、银行（公告号501/2002）、保险公司（公告号502/2002和503/2002）、非营利组织（公告序号504/2002）、市政府和政府机构（公告号410/2009）。所有公司都需要按照捷克相关会计准则进行应纳税所得额的计算。捷克当地会计准则与国际会计准则有些相似，其在有关收入确认（捷克未采用国际同行的国际贸易术语INCOTERMS）、租赁、金融工具等准则均有区别之处。具体如下：

（1）总体层面的差别：捷克会计准则下会有法定的科目表及资产负债表/利润表格式，国际会计准则无此规定；部分领域没有相关会计处理的规定如资产减值等；有时交易形式会重于实质（融资租赁）而非国际会计准则下实质重于形式；对于计价模式，捷克基本以历史成本计价，公允价值模式的使用范围非常局限（适用于证券行业或企业合并等情形下）。

（2）股份支付：捷克会计准则对此方面无任何规定，而国际会计准则设定有具体条款。

（3）企业合并：①捷克会计准则下存在法律形式优先于经济实质的情况，从形式上而不是从实质上定义收购方，因此反向收购在捷克会计准则下不存在。②同一控制下的企业合并属于企业合并的范围；在某些情况下，公允价值计量也会存在于同一控制下企业合并。③企业合并中公允价值重估导致的增值部分会显示在单体财务报表上，并且此部分会在后续期间进行摊销。相关的交易费用也会资本化。④如果公司收购其他公司的股份没有形成业务转型，被收购公司就不会被重估。收购成本与已收购股份账面价值之间的差额为"合并差额"，在合并报表层面按20年进行摊销。

（4）合并财务报表：①捷克会计准则如果满足相应条件（总资产/净收入/员工人数）就可以豁免编制合并财务报告，但银行、保险及上市公司无法豁免；②捷克会计准则下对子公司与集团的定义也与国际会计准则不同，在评估时由于对术语没有相关指导意见可能会导致不同的结论；③对于不丧失控制权的情况下减少对子公司的投资，捷克会计准则无明确规定如何进行会计处理，而国际会计准则有明确规定作为权益交易处理；④少数股东权益在捷克会计准则下被列在负债部分披露，不同于国际会计准则在权益部分披露。

（5）存货：捷克会计准则借款利息资本化不能计入存货成本；对于不同制

造周期的存货，是否需要分摊期间费用会有不同的要求；国际会计准则允许利息费用资本化金额计入存货，并且期间费用会分摊入存货。捷克会计准则对于如何计算存货减值没有明确的指引。

（6）公允价值计量：捷克会计准则没有规定公允价值。除企业合并外，公允价值计量只被用于部分金融工具。

（7）建造合同：捷克会计准则没有单独的指引规定建造合同的处理方法会计处理遵循合同的形式，建造方按照法律规定的期间确认收入和费用。捷克会计准则未采纳完工进度百分比法，合同利润在合同执行过程中无法逐步确认，而仅在开具账单时才予以确认，未结算费用被列示为在产品，国际会计准则采用完工百分比法并将未结算费用列为应收款项。

（8）租赁：捷克会计准则下租赁形式重于实质，所以经营租赁和融资租赁的处理方式相同。因此融资租赁的处理方式与国际会计准则不同，租赁资产和负债均不在承租人的资产负债表中体现，而是与经营租赁相同，仅在租赁期内按直线法确认租赁费用。

（9）收入确认：捷克会计准则没有明确规定如何进行收入确认。通常是在所有权转移或服务提供后确认，这与国际会计准则的规定不同。对于递延支付的收入，捷克会计准则不予折现确认收入，而国际会计准则规定要求折现后确认收入。对于有多个组成部分的交易，捷克会计准则没有提供具体指引，而国际准则要求对各组成部分单独使用收入确认标准。

（10）金融工具：捷克会计准则在金融工具确认计量方面与国际会计准则相似，没有国际会计准则具体。对于金融机构而言，金融工具的确认和计量与国际会计准则非常接近，但是对于非金融机构而言，仍然存在较多的不同，主要差异包括：对非金融机构，不要求确认嵌入衍生工具；没有负债与权益工具的明确定义，依赖于合同形式；可赎回优先股被视为权益工具；不要求区分复合工具的债务和权益部分；金融资产按成本进行初始计量；长期应收/应付不需要折现；没有贷款及应收款的定义，没有规定以摊余成本计量的计量类别；无须使用实际利率法；没有组合套期会计相关指引。

捷克规定所有符合捷克会计法定义的公众公司及符合下列条件的公司（股份公司符合其中一项条件，其他企业符合其中两项条件）均须接受审计：资产总额大于 4000 万克朗、收入总额大于 8000 万克朗、平均雇员人数大于50 人。捷克使用的审计准则与国际审计准则（即国际会计师联合会颁布的标准）完全一致。

5.5.10 老挝

老挝会计准则是老挝政府权威机构财政部门制定的。老挝会计制度的建立是在老挝得到独立后缓慢开始的（见表5-15）。随着经济的发展和改革，会计制度的改革也在同时进行。

表5-15　　　　　　　　老挝会计准则的发展进程

时期	时间	发展情况
第一阶段	1980年	参照苏联会计模式，修订并公布建立了总会计师新规定
第二阶段	1985~2000年	统一标准的会计制度与会计科目，在各行业使用
第三阶段	2000年至今	财政部修改和补充了适用于老挝国家各经济行业的会计准则。在国际会计准则（IAS）的基础上制定了新的会计准则有关协议并正式颁布实施。

老挝自从成功加入东盟和2012年12月成功加入世界贸易组织后，就全面融入全球经济中。根据东盟和世界贸易组织对投资关系的国家之间的经济发展的要求，必须按照统一的标准评估企业资产、经营和财务状况，从而做出正确的经营和投资决策。老挝在国际会计准则的基础上制定了新的会计准则。

老挝会计准则和国际会计准则还存在着较大的差异，这其中绝大多数是针对老挝的现实情况所作的特殊考虑，包括经济、金融、会计实务等方面的差异，例如，老挝的会计准则和现有的会计制度运行的方法不同于大多数国家，很难与国际水平接轨；公允价值为IAS/国际会计准则的一个组成部分，老挝会计准则没有涉及，老挝至今仍主要运用历史成本计量方式。

相对于国际会计准则来说，老挝会计准则仍存在许多不合理之处。老挝会计准则与国际会计准则有较大的差距，老挝需要不断完善和改进原有的会计准则，适应不断变化的国际形势，尽快与国际会计准则的水平接轨，增强老挝在国际资本市场的竞争力（见表5-16和表5-17）。

表5-16　　　　老挝会计准则和IAS/国际会计准则差异分析

项目名称	老挝会计准则	国际会计准则
存货	采用标准成本和估算成本法，如FIFO、LIFO、个别计价法和加权平均法等	取消了后进先出法

续表

项目名称	老挝会计准则	国际会计准则
固定资产采购计价	固定资产一般以其历史成本或净值计价。对改变折旧方法作为会计政策变更	固定资产计价应当考虑公允价值的影响,包括资产重估和折现的影响。对改变折旧方法作为会计估计变更
资产负债表日后事项	老挝会计准则明确规定,报告主体应在财务报告批准报出日对资产负债表日后事项加以声明	IAS10 不具有这样的具体的指导
债务重组	规定按重组债权账面价值作为受让非现金资产的入账价值,重组利得不能确认为收益,而为资本公积	规定按公允价值作为受让非现金资产的入账价值,公允价值与重组债权账面价值差额计入损益
所得税	不涉及政府补助的确认和计量,但因政府补助产生的暂时性差异所得税影响,应当按照本准则进行确认和计量	不涉及政府补助金或投资税款抵免的会计处理方法
不动产、厂房和设备	不动产、厂房及设备应以成本进行折旧扣除。不允许对物业、厂房及设备进行重估,除非从政府获得特殊批准。更注重谨慎性原则	IAS16 规定以主体应选择成本模式或重估价模式作为会计政策。更注重真实性原则
非货币性交易	非货币性交易中换入的资产应按换出资产的账面价值加相关税费入账	区分了同类和非同类的资产互换,规定非货币性交易换入的同类资产按换出资产价值加相关税费入账,而不同类的资产交换按收到资产的公允价值计量,损益 = 换出资产账面价值 − 换入资产公允价值
短期投资	规定短期投资按成本与市价孰低计量,仅对跌价损失计入损益	规定短期投资按公允价值计量,对市价与成本的盈利或损失变动都计入损益

表 5–17　老挝基本准则与 IASB 编报财务报表的框架的比较

项目	老挝会计准则	IASB
会计信息质量特征	可靠性,相关性,可理解性,可比性,实质重于形式,重要性,谨慎性,及时性,并且没有主次之分	首要特征是可理解性,相关性,如实反映,实质重于形式,中立性,审慎性和完整性
会计要素	资产,负债,所有者权益,收入,费用和利润	资产,负债,权益,费用与收益,并对它们分别做了定义
会计要素的确认	与国际会计准则的概念框架基本相同	确认是指满足要素定义和确认标准的项目列入资产负债表和损益表的过程,对五个会计要素的确认分别进行了具体讨论

续表

项目	老挝会计准则	IASB
会计要素计量属性	历史成本，重置成本，可变现净值，现值	历史成本，重置成本，公允价值，可变现价值和现值
资本与资本保全的概念	未作规定	企业应当根据财务报表使用者的需要选择适当的资本概念。如果财务报表的使用者主要关心的是保全名义上的投入资本或投入资本的购买力，应采用资本的财务概念；如果使用者主要关心的是企业的营运能力，则应采用资本的实物概念

5.6 沿线国家国际会计准则趋同的特征

"一带一路"沿线各国的会计准则向国际会计准则（IFRS）趋同有几个明显的特征。

（1）会计行业发展水平参差不齐。

从"一带一路"沿途各国国际会计准则趋同情况的调查结果来看，各国会计行业发展水平相差悬殊。有会计制度、法律完善的发达资本主义国家（如新加坡），也有尚未建立起完整会计体系的以农业经济为主的国家（如老挝）。随着国际会计准则在全球的大力推广，会计制度落后的国家也有可能直接实施国际会计准则。

（2）区域特色明显。

会计准则国际趋同具有明显的地方区域特色，欧盟、中东、东南亚等各个区域的会计准则趋同情况都不相同。欧盟各国会计准则发展水平基本一致，向国际会计准则趋同的过程始终步调相同。中东各国大多信仰伊斯兰教，加之该地区政治、军事冲突不断，因此会计准则国际趋同的进程比较缓慢。东南亚各国，除了新加坡以外，大部分会计的发展水平都比较落后。

（3）经济实力决定趋同的态度。

经济实力较强的国家会根据本国的经济特点以及自身利益对国际会计准则作一定程度的修改，国际会计准则理事会（IASB）为了推广国际会计准则也会做出让步，默许这些国家的做法。经济实力一般的国家则出于成本效益考虑往往会直接采用国际准则，但出于保护民族工业的目的，这些国家对全盘接受国际会计准则也很谨慎。推广和接受国际会计准则不仅是经济问题、技术问题，更是一个政治问题。

第6章　会计准则国际趋同的影响及策略

国际会计准则理事会（IASB）的目标是"制定一套高质量、可理解的、可强制实施的、全球接受的、以清晰表述的原则为基础的财务报告准则（IFRS）"。国际财务报告准则（IFRS）已经成为全球使用最广泛的准则体系。目前已有150个国家要求或允许使用IFRS。IFRS给投资者决策提供了更好的信息；改善了公司决策的管理信息；公司更方便地获得融资；国家也将更容易从国际资本市场获得融资；国家提高竞争力，为民众带来更大的繁荣。

2008年10月10日，在北京举行的国际财务报告准则大会（IFRS in Asia conference）上，IASB主席David Tweedie进一步阐述了使用IFRS全球性准则的益处：(1) 从根本上获得高质量全球财务报告系统；(2) 通过提高透明度来吸引投资；(3) 降低资本成本；(4) 促进世界范围的投资；(5) 削减全球各类会计活动成本。

6.1　会计准则国际趋同的影响

6.1.1　IFRS能够提高会计信息质量

国际会计准则趋同实现了全球统一执行一套会计准则体系，减少了不同国家或地区之间的会计准则差异，提高了信息沟通的效率。由于国际会计准则是经过多年研究实践制定的一套高质量的会计准则，因此，通过会计准则的国际趋同，可以直接提高本国或本地区的会计准则质量。采用高质量的会计准则又会促使高质量会计信息的产生。因此，会计准则的国际趋同有助于提高会计信息的质量。

采用统一的会计准则，有助于提高会计信息跨国可比性，这也是采用IFRS的最主要目的之一。随着IFRS在全球范围的普遍采用，意味着各国对于相同经济业务的会计处理基本相似，对于不同性质的经济业务则采取不同的会计处理，从而使不同地区之间的会计信息可比性得以提高。

Barth 等（2008）从考察采用与不采用国际会计准则的公司是否在会计信息质量上存在差异和已经执行国际会计准则的公司在执行前后会计信息质量是否出现改善进行研究。选取 21 个国家和地区的公司 1994～2003 年 20 年的数据横向对比研究发现，采用 IFRS 的公司具有更高的会计信息质量。Barth 等（2008）认为，上市公司采用国际会计准则编制财务报表能够提供更高质量的会计信息。

Balsari 等（2010）选取土耳其公司的考察 IFRS 的实施效果，以盈余稳健性作为会计信息质量的代理变量，结果发现采用国际会计准则后，上市公司会计信息的及时性得到提高，盈余稳健性得到增强。尤其是对于金融以及债务水平较低的公司，其影响程度更为显著。

Landsman 等（2010）通过研究盈余公告的信息含量来考察执行 IFRS 后的会计信息质量，他选取 27 个国家和地区，以非正常交易量和非正常报酬的波动性两个信息含量指标加以衡量，结果发现采用 IFRS 的公司比不采用的公司盈余公告具有更为丰富的信息含量。

Aksu（2012）以土耳其的上市公司作为研究对象，发现无论是强制采用还是自愿采用 IFRS，上市公司的会计信息的透明度及披露质量均得到了提高，资本市场的信息不对称也大大减少。

6.1.2　IFRS 能够降低信息不对称

上市公司的财务及经营状况，对于投资者只有通过企业提供的财务报告了解企业的财务状况、经营成果和现金流量。投资者与企业管理层之间具有严重的信息不对称，信息不对称会增大投资者所面临的风险，因此，投资者会做出逆向选择或产生道德风险问题。公司的管理层处于信息优势地位，掌握了更多的有关公司当前状况和未来前景的信息，公司管理层可以通过他们所具有的信息优势获取额外利益，损害投资者的相关权益，进而带来道德风险。当投资者认为自己所掌握的公司信息较少或者对于公司管理层向他们所提供的信息的可靠性存疑时，投资者就不会购买该公司的股票或者在购买公司的股票时采用低于面值的价格购买股票，以提高未来的收益，减少自己收益的风险性。采用 IFRS 会使各国或地区使用的会计准则的质量提高，财务报告给投资者提供的财务信息更加透明、更加翔实，使信息不对称程度得到降低，从而有助于减少投资者与管理层之间的信息不对称。

Leuz 和 Verrecehia（2000）从信息不对称的视角研究了采用国际会计准则（IFRS）所带来的经济后果，他们以德国公司为研究样本，对比分析采用 IFRS 的公司与采用德国会计准则的公司在股票的买卖价差、股票交易量等市场流动性方面的差异，结果表明采用 IFRS 的公司比采用德国会计准则的公司具有更高的交易量和更低的买卖价差，具有更高的市场流动性。

Horton 等（2009）选取 45 个国家和地区的上市公司 2001～2007 年的情况，通过分析盈余预测准确性这一指标来衡量企业在执行国际会计准则后信息环境的变化。研究发现，那些强制采用 IFRS 的公司在执行 IFRS 之后盈余预测的准确性得到了显著提高.

6.1.3 IFRS 能够降低资本成本

Barth 等（2005）选取 23 个国家（地区）的上市公司为研究对象，发现使用 IFRS 的公司会计信息质量明显高于那些不使用 IFRS 的公司，权益资本成本也低于不使用 IFRS 的公司。公司在采用 IFRS 前后的会计信息质量及权益资本成本的变化。在采用 IFRS 后公司的会计信息质量提高了，同时权益资本成本也得到了不同程度的降低。

2005 年欧盟国家强制执行了国际会计准则，很多学者以欧盟国家的公司为样本，研究会计准则趋同对于上市公司的影响。Lee 等（2008）以欧盟国家为研究对象，考察强制执行国际会计准则对这些国家公司资本成本的影响。研究样本涵盖了 17 个欧盟国家，时间跨度为 1995～2006 年，总计 1084 家公司，研究发现，强制执行国际会计准则之后，这些公司财务报表的信息披露增加，数据的可比性增强，进而使资本成本显著下降，平均降低了 48 个百分点。

6.2 会计准则国际趋同的经济后果

6.2.1 经济后果

"经济后果"是美国经济学家泽夫（Stephen A. Zeff）在《"经济后果"学

说的兴起》中提出的。"经济后果"指会计信息是依据会计准则产生并提供的，不同的会计准则规定会产生不同的会计信息，从而影响各利益关系人的利益分享与社会资源的配置。各社会经济主体通过利用会计信息在其中间进行财富的非公平转移而带来的经济后果。这种财富的转移是既得利益在不同社会利益集团之间的重新分割，而这种"社会性后果"的表现是会计报告对企业、政府、工会、投资人、债权人决策行为的影响。

泽夫认为会计报告并不仅仅是简单地对管理层所做出的决策的经济结果进行反映，而是会通过会计信息影响企业的管理者以及利益相关者的决策行为，进而又会对企业的经济结果产生影响。

我国会计学家葛家澍、杜兴强认为经济后果的内涵包括三个方面的内容：（1）会计准则的属性是公共契约，其形成是公共选择的结果，会计准则通过财务报表中介向投资者提供其决策所需的相关财务信息；（2）企业管理者对于会计政策的选择范围受制于会计准则的规定；（3）在会计准则的规范下产生的会计信息会对利益相关者的决策及相关利益产生影响。

会计准则具有经济后果，依据不同的会计准则势必生成不同的会计信息，从而决定企业利益关系集团的利益分配格局，使一些方面受益而另一些方面受损。会计准则的经济后果是会计准则国际趋同的主要障碍。在会计准则国际趋同的过程中，每个国家都不可避免地度量自身的利弊得失而采取与之相适应的会计准则。

泽夫（Stephen Zeff）1978年在《"经济后果"学说的兴起》给经济后果的定义："经济后果是指会计报告对企业、政府、工会、投资者和债权人决策行为的影响，这些个人或团体行为的后果被认为可能影响其他团体的利益。"

曲晓辉（1997）认为："任何一项会计法规的出台，总是或多或少地影响到有关方面的利益。会计法规比较重大的变动，会导致利益关系集团各有关方面利益的重新分配，并会产生相应的社会影响。"会计准则的国际化不仅仅是一个技术性的问题，其实质也是各国的利益之争。

会计准则对经济利益相关者的经济后果影响对象：（1）主要使用者如公司股东和其他投资人、债权人。针对不同的报告信息，使用者会做出不同的选择，实施不同的决策行为。（2）相关利益者的影响。会计主体提供会计信息时，不仅法定使用者会获取信息，其他如竞争对手、客户、供应商、雇员、中介机构、媒体等非法定使用者也可无代价地获取信息。（3）报告公司。报告公司为了获得良好的市场形象，即公司凭借实施会计准则的权利，采取粉饰报表、操纵利润的行为。直接结果导致利益分配不公平，影响信息使用者决策、影响相关利益主体之间经济利益分配的"经济后果"。

从公允角度来看，会计准则应该力求使各方利益均衡，使会计准则的经济后果最公平、最合理。但是由于会计准则具有经济后果，即便是最完美的会计准则，也并不一定代表最公允的经济后果。事实上，由于"经济人"的自利行为和一些强势集团的存在，现实生活中被采纳的往往并不是具有最公允经济后果的经济行为。改组后的IASB，在其人员组成中绝大部分是西方主要发达国家的代表，目前已经发布或拟发布的准则项目也主要是考虑发达国家的，这对于广大发展中国家来说是极为不公平的，广大发展中国家的利益得不到有效的维护。由于会计准则具有经济后果，依据不同的会计准则势必生成不同的会计信息，从而决定企业利益关系集团的利益分配格局，使一些方面受益而另一些方面受损。因此其制定过程必然引起各利益集团的关注和参与，并会试图对准则的制定或修订施加影响，以迫使准则制定机构改变可能对其不利的准则规定。这样，会计准则不可避免地成为一种政治结果，即各方利益斗争与妥协的结果，而政治程序则成为实现利益的手段。正是会计准则的这种经济影响成为会计准则国际趋同的主要障碍。FASB的一位委员David Mosso就提出："准则制定是一个政治化过程，其中存在着讨价还价和相互让步，事实上是一种权力游戏。"在会计准则国际趋同的过程中，每个国家都不可避免地度量自身的利弊得失而采取相应的政策，从而使IASB的协调活动面临"众口难调"的境地，大大延缓了会计准则全球趋同的进程。

6.2.2 采用国际会计准则的经济后果

（1）采用国际会计准则的经济后果。

IFRS作为一种即将在国际上被普遍遵守的会计准则，其经济后果的影响不仅仅是单个企业、投资者、债权人的利益，更重要的是影响不同国家的利益，如国家经济增长、税收利益、跨国公司利润变化、对进出口贸易的影响、国际资本流动变化，甚至于国家社会制度和经济体制差异、传统文化、社会习俗等。总的来讲，IFRS所产生的经济后果主要反映在会计制度变迁上。根据IFRS制定和采纳过程中产生的经济后果是否有利，可将IFRS的经济后果分为正面的经济后果和负面的经济后果。

正面的经济后果是指 IFRS 的制定和采纳所产生的有利于国家的经济后果，也就是会计制度变迁所产生的收益，主要包括相互联系、互为因果的三个层次：一是将会降低企业在国际市场上进行投资和筹资时报表的调整成本，增强企业会计信息的可比性，更有利于利益相关者了解企业的报表所传递的信息；二是在增强合资企业会计利益的国际性比较，降低他们的税收负担；三是有利于外国投资的进入，国家将获得长远利益。

负面的经济后果是指 IFRS 的应用所带来的成本或损失，也就是会计制度变迁的成本，主要包括三个方面：一是新准则的制定成本，包括会计准则国际化改革文件的草拟和讨论费用、准则制定机构发生的草案运行成本和公司的执行成本；二是进行会计标准转换所花费的社会成本；三是税负，引入新的会计标准时所产生的对税收的影响。

（2）采用 IFRS 的经济后果文献研究。

IFRS 采用的经济后果分为意愿采用和强制采用的情况。意愿采用 IFRS 的实证研究主要考察资本市场效应，如市场流动性、资本成本或者意愿采用 IFRS 对不同市场参与者的作用（如分析师预测属性、机构投资者持有量的变化等）。Leuz 和 Verrecchia（2000）通过对德国公司考察发现，意愿采用 IFRS 的公司与采用德国 GAAP 的公司相比，有着更低的买卖差价以及更高的流转率。Daske（2006）通过考察意愿采用 IFRS 的德国公司发现这些公司的股权资本成本相较于采用本土 GAAP 的公司更低。Daske 等（2007）发现"真正"采用 IFRS 的公司与只是"名义上"采用 IFRS 的公司相比，资金成本更低且市场流动率更高。Covri 等（2006）在全球范围选取 25000 个共同基金作为研究样本，通过研究发现在自愿采用 IFRS 后确实提高了公司招商引资的能力。

Barth 等（2008）通过对 1994～2003 年 21 个国家和地区的公司加以考察，从会计信息质量视角分析了采用国际会计准则所带来的经济后果。研究结果发现，采用国际会计准则的公司的会计信息质量高于不采用国际会计准则的公司的会计信息质量。

Platikanova（2007）对欧洲四个国家流动性和信息不对称程度指标进行研究。结果发现四国的市场的流动性呈现异质性，但这种市场流动性的异质性在四国采用 IFRS 后收窄。

张景奇等（2009）基于 2003～2006 年同时发行 A、H 股的 28 家企业样本数据，通过对这 28 家企业 A 股股价和 H 股股价的考察，对我国会计准则 CAS

和 IFRS 的有用性加以研究。通过 Ohlson 模型实证分析认为，总体看来 IFRS 有用性高于 CAS。

RAMOS（2008）使用国家层面数据，运用引力模型（gravity model）考察 IFRS 的采用对欧盟国家贸易及 FDI 的影响。面板数据的实证研究表明，IFRS 可比性效应为正，对 FDI 的股权投资、留存收益和贷款均显著；IFRS 的透明性效应有利于东道国吸引 FDI。

Chen 等（2011）基于 OECD 国家和地区 2000～2005 年双边 FDI 数据，运用引力模型对 IFRS 的引入对于 FDI 活动的影响。研究结果表明，FDI 活动与趋同程度存在正相关。由于采用统一的财务报告准则会降低 FDI 的信息障碍，因而可以促进跨境投资。

Lasmin（2011）运用经典的柯布—道格拉斯生产函数分析了 IFRS 采用对于发展中国家流入 FDI 的影响，通过截面数据对于 48 个发展中国家实证研究，表明发展中国家采用 IFRS 对本国的流入 FDI 的影响非常不乐观。由于 IFRS 根植于发达国家的经济，其出现和发展有其自身的社会及政治经济学渊源，而照搬到发展中国家并不一定适用。对于发展中国家而言，只是采用 IFRS 是不够的，还需要改善其他制度基础，如有效的公司治理和内部控制机制、完善的审计实践以及更为严格的实施及监督机制。

Beneish 等（2010）基于 2005 年前后宏观数据，考察 IFRS 的采用对于外国股权投资和外国债权投资方面的影响。该文通过实证模型发现采用对在吸引外国债权投资方面作用更为显著，而 IFRS 对外国股权投资方面的影响则相对较小。外国债权投资会在 IFRS 采用后显著增加；外国股权投资仅仅对于政府治理水平高的国家采用后增加。

Amiram（2009）基于对外证券投资数据，考察 IFRS 的采用与对外股权投资之间的关系。实证表明外国投资者在采用 IFRS 的国家持有更多的股权投资组合。如果外国投资者也来自采用 IFRS 的国家，则该效应更为明显。如果某一采用 IFRS 的国家相较于其他国家具有更少的腐败及更好的投资者保护，即更好的制度基础，则该国在吸引外国证券投资方面更有优势。

Preobragenskaya 和 Mcgee（2003）认为缺乏可靠的财务信息是会对发展中国家吸引外资产生不利影响。为了改变这些不利状况、提高财务信息的可信度，许多东南亚及中欧的新兴经济体国家已经采用了作为一种能够提供高质量信息的财务报告准则。而采用高质量的财务信息报告准则仅仅取得高质量财务信息的第一步而已。事实上，高质量的会计信息不仅取决于会计准则本身，而且还有赖于准则执行的制度环境和管理层财务报告的动机。

葛家澍（2002）认为高质量的会计准则，其执行需要具有专业胜任能力的信息提供者、高质量的审计和有效的法律等制度环境加以支撑。高质量的财务报告准则是否能够产生高质量财务信息，还取决于相适应的经济环境、法律环境。如果没有相适应的制度环境，即使采用质量更高的财务报告准则也不一定能够带来财务信息质量的提高。促进财务报告信息质量提高的重要推动力是公司财务报告的动机，而这种动机又受到一系列因素的影响，如一国的法治水平、执行强度、资本市场、公司的所有权和治理结构等。

6.2.3 决定外国投资（FDI）的因素

（1）地域因素。

资本的本质在于追求利润。投资者在选择投资区位时，首先考虑的是在投资区位能够赚得到多大的利润率，投资的利润率受东道国特有因素及投资目的影响。追逐市场型投资者往往会投资于市场规模大且增长迅速的国家。追逐资源型的投资者更倾向于投资资源丰富的地区。追逐效率的投资者则会投资于离国内市场更近的国家或地区以降低运输成本。东道国的区位状况影响该国自身的比较优势，进而影响投资者的投资利润率。市场规模和市场潜力、东道国资源丰富程度也影响 FDI 的方向。

（2）经济政治因素。

投资者的投资决策受到国家的经济和政治风险影响。相对稳定的宏观经济环境对投资者而言即意味着有更少的投资风险。衡量宏观经济是否稳定，其中一个重要的指标是东道国物价稳定程度。较低的通胀水平和谨慎的财政政策在投资者看来都是考察东道国政府可信程度的重要依据。多数转型经济体国家在价格放开的过程都经历过很高的通货膨胀。政府越早实施稳定政策，则越有可能将通胀水平降低到适当的水平。

（3）制度因素。

制度因素和法律环境在很大程度上影响一国的经济表现。东道国制度状况同样会影响投资者的投资决策，因为这些制度直接影响跨国公司的经营环境。投资的成本不只包括投资本身的经济成本，还包括很多非经济成本，如政府腐败和效率低下等。从会计信息质量角度来看，这些非经济成本会极大地影响财务报告的信息质量，因为会计信息质量受会计准则的执行强度和状况影响。高质量且具可比性的财务信息可以降低外国投资者的投资成本，进而会吸引外国投资的流入，包括外国直接投资。提高财务信息质量与可比性还需要严格的准则执行，且需对管理层财务信息披露动机进行塑造。而塑造管理层的财务披露动机则依赖于整体的制度环境、政府的治理等制度性的因素。因此，制度性因素及公司治理可以塑造和影响企业管理层的财务披露动机。良好的财务披露动机加上高质量的财务报告准则系统有利于产生高质量且具有可比性的财务信息，方便投资者做出投资决策，进而促进外国投资。

健全且高效的法律制度可以在很大程度上降低外国投资者的不确定感，为订立和执行合同提供便利，降低交易成本。法律体制在吸引外国投资和推动金融或经济发展方面起着关键的作用。不同的法律体系对于 FDI 的影响既有直接的影响也有间接的影响。直接的影响在于不同的法律体系向投资者提供了不同的公司经营环境，在行为上约束投资者的行为。而间接的影响则通过会计报告准则的执行状况和强度来影响财务报告质量和可比较性，进而影响 FDI 的流入。

表 6-1　　　　　"一带一路"沿线国家 FDI 前十国家　　　　单位：10 亿美元

序号	国家	2013	2014	2015	2016	2017	总计
1	中国	124	129	136	134	136	658
2	新加坡	57	73	63	77	62	333
3	印度	28	35	44	44	40	191
4	俄罗斯联邦	53	29	12	37	25	157
5	印度尼西亚	19	22	17	4	23	84
6	土耳其	13	13	18	13	11	68
7	以色列	12	6	11	12	19	60
8	越南	9	9	12	13	14	57
9	马来西亚	12	11	10	11	10	54
10	波兰	3	14	15	14	6	53

资料来源：联合国贸易和发展会议。

6.3 "一带一路"沿线国家会计准则趋同的策略

6.3.1 沿线国家会计准则趋同的模式

国际会计准则产生及发展都是基于成熟的发达国家的市场经济。由于"一带一路"沿线各个国家的社会经济环境、政治环境、法律环境和文化环境的差异性,造成各国会计环境的不同,各个国家在具体采用或趋同国际会计准则时,根据本国的实际会计环境,分别采用了不同的模式,有完全采用和实质性趋同两种。

(1) 完全采用。由于国际会计准则是在发达国家市场经济环境中产生并发展起来的,对于市场经济成熟的国家和地区,几乎未对国际会计准则进行任何调整修订,采用了完全照搬的模式,如菲律宾等。

(2) 实质性趋同。一些国家或地区根据本国或本地区的实际情况,在采用国际会计准则时采取了部分修订,与国际会计准则并未完全相同,存在一定差异,对于一些特殊的经济业务采取了与国际会计准则不同的更符合本国情况的处理方法,达到了实质性趋同,如欧盟国家、中国、新加坡、泰国和马来西亚等。

6.3.2 国际会计准则趋同的原则

会计是特定经济环境的产物,各国的会计环境各不相同,决定了会计的特殊性,即会计国家化。这也是导致各国会计差异的根源。会计的社会属性受到本国政治、经济、法律、文化等环境因素的影响,如果照搬照抄来源于经济发达国家市场环境的国际会计准则,势必在实际操作中会造成更大的困难和损失。"一带一路"沿线国家大多是发展中国家,因此,会计准则国际趋同要保持谨慎的态度,兼顾本国国情做好会计准则趋同的工作。发展中国家国际会计准则趋同要坚持如下原则。

(1) 国际化与国家化相结合的原则。

在国际经济合作发展的历程中,发展中国家会计坚持立足本国的经济发展,坚持全球化与本土化的平衡发展,本国会计准则在完善的过程中逐步向国际化的标准靠拢,向国际化趋同。会计准则在向国际趋同过程中,积极参与国际会计标准的制定，逐步缩小本国会计准则与国际会计准则的差距。

（2）经济体制改革适应原则。

会计准则国际趋同过程是经济体制改革和经济的发展的过程，改革会计准则，在很大程度上会影响到经济体制改革，也有可能会造成会计准则国际趋同的进程。在本国会计准则向国际会计准则趋同过程中要与经济体制改革相互支持、相互协调。通过经济体制改革的效果和指导，达到会计准则与国际趋同。

（3）循序渐进、逐步实施原则。

会计准则国际趋同是一个持续不断、缓解矛盾和减少差异的过程，是一个渐进的过程。各国会计准则趋同应立足国情，发挥宏观和微观经济的良性发展，遵循循序渐进的原则，以促进国际会计准则趋同的进展。

6.3.3 "一带一路"沿线国家会计准则国际趋同策略

"一带一路"沿途各国涉及多种文化传统，有数十种宗教背景，经济发展水平也相差悬殊，还有些国家政局不稳、经常爆发战争。面对这纷繁复杂的国际政治经济环境，想达到"一带一路"沿途各国对IFRS的共同理解、一致执行和相互等效，困难是很大的。随着"一带一路"沿线国家和地区合作逐层深入、合作范围扩大，提高沿线国家会计信息的可比性与透明度，降低交易和编制财务报告、审计等成本，减少信息不对称，增加国际资本市场的流动性和促进国际资本市场的一体化，这些问题已经成为在"一带一路"沿线国家和地区跨国企业的共同诉求。中国在"一带一路"沿途各国会计协调发展的过程中发挥着重要的作用，促进各国共同发展进步。中国会计准则委员会坚持四项基本主张，即对于完全相同的业务，要按照国际会计准则执行；对于形式上一致、实质上不一致的业务，要争取与国际协调；对于原来没有出现、现在出现的问题，要做到与国际一致；特殊问题要特殊解决。中国会计准则委员会对于国际会计准则趋同的做法、具体对策和建议值得向沿线IFRS未趋同的国家推广。

（1）组建会计协调组织，促进各国会计行业协调发展。

"一带一路"沿线国家之间的会计组织如亚洲—大洋洲会计准则制定机构组（AOSSG）、国际会计准则理事会新兴经济体工作组（EEG）等组织一起组建由中国牵头的"一带一路"财务报告协调组织，集合各国会计准则制定机构，联动解决沿途各国共同面临的会计问题和纠纷，探索与构建区域内会计准则协调发展的新机制和新模式。

（2）加强国际参与，提高话语权。

会计准则国际化的过程，同时也是各国利益相争的过程。会计准则的国际趋同已成为一种趋势，是资本市场发展到一定程度的产物，随着市场经济的进一步发展，各国都不可能忽视国际趋同的存在，必然影响各国改革开放和全球经济一体化的进程。发展中国家应该通过多方面的努力采取有效的办法，跻身于国际事务中，增强本国的国际地位，在国际争议问题上有一定的发言权和影响力，参与国际财务报告等的制定，以促进本国会计准则的修订。应尽可能或者以积极的态度参与国际会计相关的组织中，充分表达本国的意愿和意见，提高话语权，在与各国组织协商谈判的过程中争取有利于本国的利益。

（3）完善会计准则的配套机制。

会计准则国际趋同是一项系统的工程，会计准则的制定、推行和贯彻执行过程中还需要进一步地做好相关的配套工作，才能保障会计准则顺利实施，才能达到制定会计准则的旨意。为保证会计准则顺利推行，进一步修订和完善法律法规，使会计准则构成法律体系，会计准则不可能在国家的法规体系以外单独执行；加快市场经济体系的改革，健全的市场机制是会计准则良好推行和实施的基础，市场机制中完善的证券市场监管、外汇市场体制等是会计准则得以有效推行的前提。

（4）加强"一带一路"会计人才的教育和培养。

建立沿线国家完整的会计教育体系，培养各层次的会计人才。加强各国间会计人员的业务研修，通过举办各种学术会议、高峰论坛、研修班等，定期或不定期地进行经验交流和学术探讨。中国各高校可以培养来自"一带一路"沿途各国留学生，培养未来行业精英和综合业务能力的国际化人才，有利于"一带一路"经济文化往来更加顺畅长久。

（5）加强沿线国家的深度合作。

"一带一路"沿线国家横跨亚、欧、非三大洲，国家和地区之间文化、政治、经济和地缘等差异较大，为了促进 IFRS 在各国间能够采用和实质性趋同，可以借助已经成立的中菲经济贸易联委会、中欧经贸混委会、亚非法律协商委员会、中越指导委员会等双边机制作用以及上合组织（SCO）、中国—东盟"10+1"、亚太经合组织（APEC）、亚欧会议（ASEM）、亚洲合作对话（ACD）、亚信会议（CICA）、中阿合作论坛、中国—海合会战略对话、大湄公河次区域（GMS）经济合作、中亚区域经济合作（CAREC）等多边机制作用，发挥现有双、多边机制的影响力,使区域会计准则的国际趋同更加快速、有效。推动"一带一路"与沿线多国国家战略对接,加强双、多边合作的创建,为"一带一路"沿线国家之间会计准则的趋同创造条件。

(6) 加强区域间会计合作。

"一带一路"沿线国家进行区域会计协调,促进会计准则国际化进程。经济背景相似、经济发展水平相当具有相似特征的国家和地区开展区域间沟通、对话和合作,可以提高整个地区在 IFRS 制定中的影响力,从而使 IASB 在制定准则时能更多地关注发展中国家的特殊会计问题,力求找出国际认可的解决发展中国家实际会计问题的方法,以减少会计国际化的成本。如亚洲的东亚国家、南亚国家,地域相邻,有相同或类似的文化传统和社会环境,经济发展水平相差不大。如果能有效地总结亚洲会计模式特点进行研究,就能找出合理的替代方案。在区域范围内协调以形成完善规范的亚洲会计体系,这样不仅能提高亚洲国家整体的会计水平和协调程度,还能够在国际会计标准体系中注入一种新的力量,使 IFRS 的制定真正做到广泛、客观、公正,代表公众利益。

附　　录

缩写

ACD	亚洲合作对话
APEC	亚太经合组织
ASEM	亚欧会议
CAS	中国会计准则
CASC	中国会计准则委员会
CICA	亚信会议
EXGDP	经济开放度
FDI	外国直接投资
GAAP	公认的会计准则
GDP	国内生产总值
IAS	国际会计准则
IASB	国际会计准则理事会
IASC	国际会计准则委员会
IFRS	国际财务报告准则
SCO	上海合作组织
SEC	证券交易委员会

参 考 资 料

[1] 百合. 中吉会计准则比较研究 [D]. 山东师范大学, 2015.

[2] 鲍思晨. "一带一路"沿线国家货币期货市场建设研究 [D]. 对外经贸大学, 2015.

[3] 财政部. 中国企业会计准则与国际财务报告准则持续趋同路线图. 2010.

[4] 财政部会计司. 我国会计标准与国际会计准则比较一览表 [J]. 财务会计, 2001.

[5] 曹伟, 宋丽飞. 试论会计准则的国际协调 [J]. 财经论丛, 2001.

[6] 曾敬. 税收制度与企业会计制度的比较研究 [J]. 企业技术开发月刊, 2011.

[7] 曾峻, 伍中信. "一带一路"战略下会计准则的国际趋同——沿途各国现状及我国的策略研究 [J]. 财会通讯, 2017.

[8] 查特菲尔德著, 文硕译. 会计思想史 [M]. 北京: 中国商业出版社, 1989.

[9] 常勋. 西方财务会计中的公认会计原则与会计假设 [J]. 福建会计, 1985.

[10] 常勋. 国际会计 [M]. 大连: 东北财经大学出版社, 2008.

[11] 常勋. 国际会计研究 [M]. 北京: 中国金融出版社, 2005.

[12] 常勋. 解读国际会计协调化 [J]. 会计研究, 2003.

[13] 陈红, 唐滔智. 中国—东盟会计环境及其会计协调 [J]. 现代商业, 2009.

[14] 陈辉发. 会计准则国际趋同与信息质量国际比较 [M]. 上海: 上海人民出版社, 2013.

[15] 陈耀. "一带一路"战略的核心内涵与推进思路 [J]. 中国发展观

察，2015.

［16］程达军. 中国企业海外并购文化风险管理研究述评［J］. 深圳职业技术学院学报，2014.

［17］程晋烽，吴美娜，吕仲涛. 国际无形资产会计准则比较与启示［J］. 时代经贸，2013.

［18］池昭梅，周知. 中越企业财务报告准则比较评析［J］. 会计之友，2012.

［19］池昭梅. 中国会计规范趋同研究［J］. 财会月刊（理论），2008.

［20］褚媛. "一带一路"沿线国家会计模式的协调性研究［J］. 经贸实践，2016.

［21］崔慕华. 我国会计准则国际化经济后果研究［D］. 东北林业大学，2004.

［22］崔新婷. 国际会计准则趋同探析［J］. Management Observer，2011.

［23］崔学刚，张宏亮. A股、H股报告盈余稳健性趋同研究——中国会计准则国际趋同效果的初步证据［J］. 当代财经，2010.

［24］崔玉英. 欧盟与中国会计准则等效的国家利益分析［J］. 会计之友，2012.

［25］邓力平，曲晓辉. 税收国际协调与会计准则全球趋同关系之辨析［J］. 会计研究，2003.

［26］董小麟，吴亚玲. 中国企业海外并购现状分析与策略建议［J］. 国际经贸探索，2010.

［27］董雪峰，杨文会. 会计工作中的成本效益原则［J］. 地质技术经济管理，2004.

［28］杜兴强. 会计信息的产权问题研究［M］. 大连：东北财经大学出版社，2002.

［29］方拥军. 欧盟推进会计准则国际趋同路线图：基本历程、核心举措及最新发展［C］. 中国会计学会2007年学术年会论文集（上册），2007.

［30］冯俊萍. 中越会计模式的比较与启示［J］. 东南亚纵横，2010.

［31］冯淑萍，应唯. 我国会计标准建设与国际协调［J］. 会计研究，2005.

［32］冯淑萍. 关于我国当前环境下的会计国际化问题［J］. 会计研究，

2003.

[33] 冯淑萍. 关于中国会计国际协调问题的思考 [J]. 会计研究, 2002.

[34] 冯舜华. 转轨国家对外贸易体制改革比较 [J]. 东欧中亚研究, 2000.

[35] 付磊. 企业制度演变与会计发展 [J]. 会计研究, 2012.

[36] 盖地, 杜静然. 会计准则变迁的自组织演化机理研究 [J]. 会计研究, 2010.

[37] 盖地, 刘慧凤. 会计原则协同：会计准则国际趋同的切入点 [J]. 会计研究, 2004.

[38] 葛家澍, 刘峰. 会计理论：关于财务会计概念结构的研究 [M]. 北京：中国财政经济出版社, 2003.

[39] 葛家澍, 刘峰. 会计准则国际化沟通、协调、规范 [J]. 财务与会计, 1993.

[40] 葛言妍. 中国企业会计准则国际趋同效果的实证研究 [D]. 吉林大学, 2016.

[41] 葛英. 浅谈会计准则国际化的趋势与应对 [J]. 市场论坛, 2013.

[42] 郭道扬. 论产权会计观与产权会计变革 [J]. 会计研究, 2004.

[43] 郭晓莉. 浅析会计准则国际化中存在的问题及对策 [J]. 山西农业大学学报：社会科学版, 2005.

[44] 郭新伟. 新会计准则的特点剖析 [J]. 中国新技术新产品, 2010.

[45] 郭艳侠. 我国财务会计概念框架文献综述 [J]. 唐山职业技术学院学报, 2014.

[46] 汉斯·胡格沃斯特, 上海国家会计学院译. 论全球会计准则 [M]. 上海：上海财经大学出版社, 2014.

[47] 何昊, 梁淑红. 中国—东盟会计准则制定模式比较 [J]. 会计之友, 2008 (6).

[48] 赫悦钦. 中国和澳大利亚会计准则比较研究 [D]. 哈尔滨理工大学, 2013.

[49] 洪剑峭, 娄贺统. 会计准则导向和会计监管的一个经济博弈分析 [J]. 会计研究, 2004.

[50] 胡必亮, 潘庆中. "一带一路"沿线国家综合发展水平测算、排序

与评估（总报告）［J］. 经济研究参考，2017.

［51］胡玮瑛，徐志翰，胡新华. 微利上市公司盈余管理的统计分析［J］. 复旦学报（自然科学版），2003.

［52］黄波. 中国会计准则与国际财务报告准则趋同的研究［D］. 哈尔滨理工大学，2010.

［53］黄茂欢. 中国会计准则与国际财务报告准则的比较研究［D］. 山西财经大学，2007.

［54］黄清松. 浅析我国会计制度与会计准则的关系［J］. 科学时代，2012.

［55］黄氏红绒. 中越会计准则比较研究［D］. 重庆理工大学，2016.

［56］黄燕飞. 中国会计准则国际趋同策略研究［D］. 财政部财政科学研究所，2012.

［57］黄毅，包磊，韩婷婷，方艳. 中国与东盟国家会计制度对比——基于中越基本准则的比较分析［J］. 东南亚纵横，2009.

［58］吉尔伯詹姆斯著，强永昌，王希凌译. 国际经济学［M］. 第5版. 上海：格致出版社，2002.

［59］贾建军. 中国会计与国际会计的形式协调和实质协调研究［D］. 复旦大学，2007.

［60］贾淋. 中国企业海外并购存在的风险及其控制研究［D］. 西南财经大学，2014.

［61］贾晓玲. 欧盟实施国际会计准则的效果分析［D］. 广东外语外贸大学，2007.

［62］姜晶晶，莫万贵. 我国企业海外并购发展趋势与问题简析［J］. 吉林金融研究，2014.

［63］姜英兵，严婷. 制度环境对会计准则执行的影响研究［J］. 会计研究，2012.

［64］蒋琳玲，黄秋培，黄攀. 中国与越南会计准则的比较及趋同探析［J］. 商业会计，2012.

［65］蒋琳玲. 中越无形资产会计准则比较［J］. 财会通讯，2014.

［66］焦文青. 浅析新固定资产准则的会计处理［J］. 科技情报开发与经济，2007.

[67] 金娜. 中俄会计准则比较研究 [D]. 哈尔滨工业大学, 2016.

[68] 坎贝尔著, 姚伟译. 制度变迁与全球化 [M]. 第一版. 上海: 上海人民出版社, 2010.

[69] 克雷格, 迪根. 财务会计理论 [M]. 大连: 东北财经大学出版社, 2010.

[70] 孔令辉, 汤湘希. 国际等效: 会计准则协调的理念诉求 [J]. 上海立信会计学院学报, 2011.

[71] 昆苏. 老挝会计准则国际趋同研究 [D]. 广西大学, 2015.

[72] 拉维. 中柬财务报告比较研究 [D]. 中国矿业大学, 2017.

[73] 劳川奇. 会计准则国际趋同的会计文化背景研究 [D]. 西南财经大学, 2011.

[74] 黎霞. 国际会计法律问题研究 [D]. 西南政法大学, 2011.

[75] 李冰漪. "一带一路"战略构想背后的现实考量 [J] 中国储运, 2015.

[76] 李传忠. 会计环境因素的比较研究 [J]. 南京经济学院学报, 1999.

[77] 李付学, 佘晓燕. 越南会计准则国际趋同进程及完善 [J]. 东南亚纵横, 2009.

[78] 李刚军. 俄罗斯经济转轨过程中的农业危机 [J]. 东欧中亚研究, 2000.

[79] 李家瑗, 陈尚超. 中越会计报告的比较研究 [J]. 会计之友, 2013.

[80] 李家瑗, 等. 中国—越南会计比较 [M]. 中国财政经济出版社, 2008.

[81] 李扣庆. 会计基础设施助推 "一带一路" [J]. CACPA.

[82] 李凌秋, 李家瑗. 有形及无形固定资产会计准则的中越比较 [J]. 广西财经学院学报, 2007.

[83] 李婷. 中国会计准则与国际财务报告准则差异分析 [D]. 浙江工商大学, 2006.

[84] 李彤. 浅论新会计准则的中国特色 [J]. 中国乡镇企业会计, 2010.

[85] 李芸. 新会计准则的特点探析 [J]. 中国新技术新产品, 2009.

[86] 李允华. 1999年以来俄罗斯形势及前景分析 [J]. 东欧中亚研究, 2000.

[87] 李宗彦. 会计准则等效——会计准则国际协调的新路径 [J]. 财会月刊, 2009.

[88] 李家瑗. 越南会计法律法规初探 [J]. 广西财经学院学报, 2006.

[89] 李家瑗, 陈尚超. 中越会计计量的比较研究 [J]. 会计之友, 2013.

[90] 李家瑗, 陈尚超. 中越会计确认的比较研究 [J]. 会计之友, 2013.

[91] 连嘉. 中国会计准则国际趋同问题及对策研究 [D]. 对外经济贸易大学, 2007.

[92] 梁秉奇. 浅谈对新会计准则的几点认识 [J]. 科技创新与应用, 2012.

[93] 梁金龙. 中俄会计准则之比较研究 [D]. 东北财经大学, 2010.

[94] 梁淑红. 越南会计改革之路 [J]. 广西大学学报: 哲学社会科学版, 2006.

[95] 梁淑红. 中国—东盟会计准则制定模式比较 [J]. 会计之友 (下旬刊), 2008.

[96] 林小贞. 新会计准则对企业财务管理影响研究 [J]. 东方企业文化, 2013.

[97] 刘斌, 徐先知. 新会计准则国际趋同的效果研巧——基于盈余稳健性视角的分析 [J]. 财经论坛, 2010.

[98] 刘兵. 跨国公司子公司业绩评价问题研究 [D]. 吉林大学, 2007.

[99] 刘峰. 高质量会计准则与会计准则国际化 [J]. 财会通讯, 1999.

[100] 刘峰. 关于会计准则国际化的理论分析 (上) [J]. 财会月刊, 1996.

[101] 刘峰. 关于会计准则国际化的理论分析 (下) [J]. 财会月刊, 1996.

[102] 刘峰. 关于会计准则国际化的若干问题 [J]. 对外经贸财会, 1996.

[103] 刘峰. 会计准则变迁 [M]. 北京: 中国财政经济出版社, 2000.

[104] 刘国成, 崔慕华. 我国会计国际化经济后果研究 [J]. 财会月刊, 2003.

[105] 刘海泉. "一带一路"战略的安全挑战与中国的选择 [J]. 太平洋学报, 2015.

[106] 刘寒冰. 国际财务报告准则对转型经济国家FDI经济后果研究[D]. 复旦大学, 2012.

[107] 刘浩, 孙铮. 会计准则的产生与制定权归属的经济学解释——来自企业所有权理论的观点[J]. 会计研究, 2005.

[108] 刘华芹. 积极实施"走出去"战略助推"一带一路"建设[J]. 国际商务财会, 2015.

[109] 刘坪. 不同类型中国企业的海外并购融资方式研究[D]北京交通大学, 2014.

[110] 刘顺昆. 实施"一带一路"战略的法律策略研究[D]. 云南大学, 2015.

[111] 刘为娟. 我国上市公司会计政策选择研究[D]. 山东农业大学, 2008.

[112] 刘卫, 黄波. 中国与泰国会计确认比较研究[J]. 会计之友, 2015.

[113] 刘卫. 中国—东盟自由贸易区环境下会计准则趋同与发展研究框架[J]. 商业会计, 2014.

[114] 刘沃夫. 中俄会计制度比较研究[D]. 内蒙古农业大学, 2012.

[115] 刘晓华. 会计准则的国际协调与盈余质量[D]. 暨南大学, 2009.

[116] 刘兴云. 中西会计比较研究[M]. 成都: 西南财经大学出版社, 1996.

[117] 刘学红. 新会计制度的特点及其对上市公司的影响[J]. 中小企业管理与科技（上旬刊）, 2009.

[118] 刘扬, 高玉凤. 中美会计准则制定模式的比较研究[J]. 物流科技, 2004.

[119] 刘玉廷, 王鹏, 陆建桥等. 亚大会计准则制定机构共商国际准则中国会计地区及国际影响力持续提升——亚洲, 大洋洲会计准则制定机构组第二次全体会议综述[J]. 会计研究, 2010.

[120] 刘玉廷, 王鹏, 薛杰. 企业会计准则实施的经济效果——基于上市公司2009年年度财务报告的分析[J]. 会计研究, 2010.

[121] 刘玉延. 新会计准则的实施与国际等效[J]. 中国总会计师, 2008.

[122] 刘月霞. 会计准则及其国际趋同对会计信息质量的影响研究 [D]. 山东财经大学, 2014.

[123] 刘志中. "新丝绸之路"背景下中国中亚自由贸易区建设研究 [J]. 东北亚论坛, 2014.

[124] 刘仲文, 丁会来. 国际会计的发展动向与中外会计比较——"国际会计模式、国际会计准则发展及对策研究"会议综述 [J]. 财务与会计, 2001.

[125] 柳木华. 会计环境对企业会计准则执行效果的影响——基于应计质量的经验证据 [J]. 证券市场导报, 2012.

[126] 龙月娥. 国际趋同会计准则在我国的实施效果研究——基于投资者反应视角的实证检验 [J]. 经济问题探索, 2010.

[127] 隆红梅. 我国会计核算制度的变迁及经验总结 [J]. 商, 2015.

[128] 楼继伟. 我国企业会计准则建设的可贵实践和崭新突破 [J] 财会通讯, 2006.

[129] 陆建桥, 林启云. 国际会计审计及其监管的最新发展与中国对策——欧盟国际会计审计发展大会综述 [J]. 会计研究, 2010.

[130] 陆建桥. 我国企业会计准则国际趋同历程、最新进展与启示 [J]. 北京工商大学学报: 社会科学版, 2013.

[131] 逯东, 孙岩, 杨丹. 会计信息与资源配置效率研究述评 [J]. 会计研究, 2012.

[132] 罗勇, 张静波, 李建华. 会计准则来历论研究 [M]. 上海: 立信会计出版社, 2007.

[133] 吕霞. 我国新企业会计准则国际趋同效果研究 [D]. 西南财经大学, 2012.

[134] 吕莹. 会计准则的国际化比较与协调 [D]. 东北林业大学, 2002.

[135] 马建威. 中国企业海外并购绩效研究 [D]. 财政部财政科学研究所, 2011.

[136] 马金城, 焦冠男, 马梦亲. 中国企业海外并购行业分布的动态变化与驱动因素: 2005—2012 [J]. 宏观经济研究, 2014.

[137] 马笑芳. 会计准则国际化之国别研究 [D]. 湘潭大学, 2005.

[138] 马玉珍. 中国会计向全球化方向迈进的历史政策研究 [J]. 哈尔滨商业大学学报, 2003.

[139] 毛新述,余德慧.会计准则趋同、海外并购与投资效率[J].财贸经济,2013.

[140] 莫琴.顺应论视角下国际会计准则与中国企业会计准则对比研究[D].广东外语外贸大学,2013.

[141] 莫一帆,张力派.浅析我国企业会计准则与国际会计准则的持续趋同——基于会计环境的视角[J].中国商论,2018.

[142] 牟春燕.小议我国会计的发展现状与改革措施[J].经济技术协作信息,2006.

[143] 倪奕雯.中国企业海外并购研究[D].同济大学,2007.

[144] 诺比斯,帕克著,薛清梅译.比较国际会计[M].大连:东北财经大学出版社,2005.

[145] 潘爱玲,吴世农.基于能力管理的跨国并购整合战略[J].广东社会科学,2007.

[146] 潘霞敏.企业会计准则相关问题的分析[J].知识经济,2014.

[147] 彭先红.转型经济国家会计准则IFRS趋同程度及其影响因素研究[D].复旦大学,2013.

[148] 彭亦威.我国现行会计准则与国际会计准则的差异及趋同研究[J].财经界,2016.

[149] 乔元芳.会计国际化:进展、障碍和对策[J].四川会计,2003.

[150] 邱明燕.对会计准则质量问题的研究分析[J].中国市场,2013.

[151] 曲晓辉,陈瑜.会计准则国际发展的利益关系分析[J].会计研究,2003.

[152] 曲晓辉等.会计准则趋同研究[M].上海:立信会计出版社,2015.

[153] 曲晓辉等.中国会计准则的国际趋同效果研巧[M].第1版.上海:立信会计出版社,2011.

[154] 曲晓辉.我国会计国际化进程刍议[J].会计研究,2001.

[155] 阮英俊.越南会计准则国际趋同研究[D].湖南大学,2013.

[156] 山佛雷德,里克DS,乔伊等.国际会计学[M].大连:东北财经大学出版社,2000.

[157] 上海国家会计学院,ACCA,德勤中国.会计基础设施助推"一带

一路"[J]. 中国会计视野, 2018.

[158] 邵琼. 浅析中国企业海外并购失败原因及建议的[J]. 企业技术开发: 下半月, 2010.

[159] 申现杰, 肖金成. 国际区域经济合作新形势与我国"一带一路"合作战略[J]. 宏观经济研究, 2014.

[160] 石党英. 我国现行会计准则与国际会计准则的差异及趋同研究[D]. 兰州理工大学, 2009.

[161] 帅珍杰. 中国企业海外并购文化整合案例研究[D]. 西南财经大学, 2013.

[162] 宋慧悦, 胡本源, 郭芮佳. 适应"一带一路"发展的会计准则等效机制研究[J]. 会计之友, 2016.

[163] 宋璐. 中国会计准则国际趋同研究[D]. 四川外国语大学, 2016.

[164] 宋文彪. 会计准则国际化透视[J]. 山西财经大学学报, 2002.

[165] 宋献中, 李建发, 杨丹, 等. 贯彻创新、协调、绿色、开放、共享的发展理念服务"一带一路"建设推动会计改革与发展——会计与"十三五"规划发展理念大家谈[J]. 会计研究, 2016.

[166] 苏丽娜. 老挝商业银行国际会计准则趋同问题及对策研究[D]. 安徽大学, 2016.

[167] 苏诗友. 中国会计准则制定问题研究[D]. 长春税务学院, 2003.

[168] 孙丹红. 中国会计准则与国际财务报告准则的比较研究[D]. 长春理工大学, 2010.

[169] 孙光国, 杨金凤. 财务报告质量评价研究: 文献回顾, 述评与未来展望[J]. 会计研究, 2012.

[170] 孙明.《财务报表列报准则》新旧比较与相关问题述评[J]. 行政事业资产与财务, 2014.

[171] 孙长峰. 资产负债观在会计实务中的应用[J]. 中国乡镇企业会计, 2013.

[172] 孙铮, 刘浩. 中国会计改革新形势下的准则理论实证研究及其展望[J]. 会计研究, 2006.

[173] 汤玉龙. 对我国会计要素框架构建的设想[J]. 商业会计, 2013.

[174] 唐妮. 中国与东盟国家文化禁忌的对比研究[J]. 湖北广播电视大

学学报,2013.

[175] 唐宗春. 固定资产新旧会计准则对比及纳税影响 [J]. 会计之友(上旬刊),2008.

[176] 佟贺. 变迁与变化:会计准则与管理行为联动分析 [J]. 会计之友,2013.

[177] 万秀香. 我国新会计准则国际趋同研究 [J]. 商场现代化,2011.

[178] 汪祥耀等. 欧盟会计准则、国际趋同战略及等效机制研究 [M]. 上海:立信会计出版社,2012.

[179] 汪祥耀,李连华,姚旻霏. 欧盟推进会计准则国际趋同的积极举措及启示 [C] 中国会计学会财务成本分会.2006年年会暨第19次理论研讨会论文集(上).2006.

[180] 汪祥耀. 美国会计准则体系的重大变革及启示 [J]. 财经论丛,2009.

[181] 汪祥耀. 与国际财务报告准则趋同路径选择与政策建议 [M]. 上海:立信会计出版社,2006.

[182] 王迪. 我国会计准则与国际会计准则趋同效果研究 [D]. 辽宁师范大学,2016.

[183] 王建新,王松年. 国际会计准则制定博弈与我国会计国际化策略 [M]. 中国会计学会"中国会计国际化"专题研讨会,清华大学,2004.

[184] 王建新. 我国会计准则制定及其效果评价 [M]. 北京:中国财政经济出版社,2005.

[185] 王静坤. 我国会计准则国际趋同研究 [D]. 长春理工大学,2007.

[186] 王灵桂. 国外智库看"一带一路"[M]. 北京:社会科学文献出版社,2015.

[187] 王勤. 近十年中国—东盟经济关系新格局 [J]. 东南亚纵横,2013.

[188] 王清刚. 全球会计准则研究:兼论中国会计标准国际化 [M]. 中国财政经济出版社,2007.

[189] 王淑贤. 中国企业海外并购的实践及其意义 [J]. 企业改革与管理,2014.

[190] 王松年,叶建芳. 全球会计准则:会计国际化展望 [J]. 上海市经

济管理干部学院部学报，2004.

[191] 王雯. 跨国并购后文化整合成本问题研究 [D]. 首都经济贸易大学，2013.

[192] 王霞. 国际财务报告准则修订评析与前瞻：以金融工具、合并报表和收入准则为例 [J]. 会计研究，2014.

[193] 王霞. 国际财务报告准则修订评析与前瞻——以金融工具、合并报表和收入准则为例 [J]. 会计研究，2012.

[194] 王亚娜. 我国会计准则制定导向的研究 [J]. 现代经济信息，2010.

[195] 王颖驰. 浅析我国会计准则国际化 [J]. 佳木斯大学社会科学学报，2007.

[196] 王永中，李曦晨. 中国对"一带一路"沿线国家投资风险评估 [J]. 开放导报，2015.

[197] 王运运. 基于"一带一路"的会计准则国际趋同策略的研究 [J]. 绿色财会，2016.

[198] 王志宏. 论述我国现行财务会计报告目标的特点 [C]. 经济生活——2012商会经济研讨会论文集（上），2012.

[199] 王子菁. 国际协调视域下的会计准则研究 [J]. 财政研究，2011.

[200] 韦森. 经济学与哲学：制度分析的哲学基础 [M]. 上海：上海人民出版社，2005.

[201] 吴舒钰. "一带一路"沿线国家的经济发展 [J]. 经济研究参考，2017.

[202] 吴丹红. 中国、俄罗斯会计演变之比较 [J]. 中国乡镇企业会计，2008.

[203] 吴晓静. 俄罗斯会计国际化改革 [J]. 对外经贸财会，2006.

[204] 吴艳芳. 浅谈利润表会计要素设置缺陷及改进 [J]. 财会通讯，2011.

[205] 吴志娟. 越南会计准则的国际化进程及展望 [J]. 广西财经学院学报，2008.

[206] 吴宗荣. 我国会计准则的制定模式 [J]. 财务会计，2011.

[207] 武宇卿. 浅议会计要素以及计量原则 [J]. 知识经济，2013.

[208] 夏华，顾昕燕.一带一路"战略视角下中国—东盟各国会计准则趋同与交流研究［J］.现代商业，2017.

[209] 谢怡.我国会计准则与国际会计准则趋同的经济学分析［D］.中国政法大学，2010.

[210] 邢琳华.中国会计准则与国际会计准则比较研究［D］.山东农业大学，2005.

[211] 邢维全.会计准则区域与国际性协调机制研究［D］.天津财经大学，2013.

[212] 徐波.会计准则制定模式比较及借鉴［J］.教育财会研究，2004.

[213] 徐建明.新旧《企业会计准则——固定资产》差异及分析［J］.交通财会，2006.

[214] 徐经长，姚淑瑜，毛新述.中国会计准则的国际协调［J］.会计研究，2003.

[215] 许国良.我国会计准则的发展变迁及趋势走向［J］.商情，2014.

[216] 许仕芳.新企业会计准则与国际会计准则的比较研究［D］.华东师范大学，2008.

[217] 许闲，蔡子婕.欧盟各成员国国际财务报告准则实施情况考察及对我国经验借鉴［J］.会计研究，2013.

[218] 薛梅.会计准则国际化分析［J］.行政事业资产与财务，2013.

[219] 薛祖云，徐玉霞，刘金星.俄罗斯会计模式变革与会计环境关系研究［J］.财会通讯（综合版），2007.

[220] 严兵，李辉，李雪飞.中国企业海外并购：新特征及问题研究［J］.国际经济合作，2014.

[221] 杨波，魏馨.中国企业海外并购的困境与对策［J］.宏观经济研究，2013.

[222] 杨丹."一带一路"与中国会计国际化发展［J］.会计研究，2016.

[223] 杨凯.论国际财务报告及其在我国所面临的问题［D］.东北林业大学，2002.

[224] 杨敏，刘光忠，陆建桥，刘建鲁.综合报告国际发展动态及我国应对举措［J］.会计研究，2012.

[225] 杨敏，陆建桥，徐华新．当前国际会计趋同形势和我国企业会计准则国际趋同的策略选择［J］．会计研究，2011．

[226] 杨敏．国际财务报告准则制定和应用中的利益问题研究［D］．湘潭大学，2006．

[227] 杨敏．会计准则国际趋同的最新进展与我国的应对举措［J］．会计研究，2011．

[228] 杨有红．我国会计准则与国际会计准则的比较研究［D］．北京工商大学，2002．

[229] 姚立杰，程小可．国际财务报告准则研究的回顾和展望［J］．会计研究，2011．

[230] 叶宏．基于GMS的中越会计法之比较［J］．现代商业，2013．

[231] 叶建芳，王建新．我国企业会计准则与国际会计准则差异比较［M］．中国会计学会"中国会计国际化"专题研讨会，清华大学，2004．

[232] 尹雪瓶．中国会计准则与国际会计准则差异下的趋同研究［D］．云南财经大学，2016．

[233] 尤维捷．俄罗斯会计准则的现状分析［J］．对外经贸财会，2005．

[234] 庾惠．中国会计准则与国际会计准则的若干差异研究［D］．河海大学，2007．

[235] 袁新涛．"一带一路"建设的国家战略分析［J］．理论月刊，2014．

[236] 约翰·康芒斯．制度经济学［J］．北京：商务印书馆，1997．

[237] 张爱民，周江．国际会计准则对欧盟会计的影响［J］．经济师，2003．

[238] 张博峰，田鹏．中国企业海外并购现状及并购前成败因素探究［J］．中外企业家，2014．

[239] 张海霞．浅谈新会计准则的特点［J］．中国新技术新产品，2009．

[240] 张洪亮．试论中国会计国际化的原则［J］．经济研究参考，2012．

[241] 张凯文．我国会计准则国际趋同过程中的困境及对策分析［J］．商业会计，2014．

[242] 张丽丽．会计准则国际趋同与境外融资［D］．中央财经大学，2015．

[243] 张莉."一带一路"战略应关注的问题及实施路径 [J]. 中国经贸导刊, 2014.

[244] 张楠. 我国会计准则与国际会计准则差异比较 [D]. 对外经济贸易大学, 2005.

[245] 张蕊. 跨国公司在华建立财务共享中心面临的主要问题及对策 [D] 对外经济贸易大学, 2015.

[246] 张思磊. 论会计准则制定导向的选择 [J]. 科技情报开发与经济, 2008.

[247] 张文汐. 中国会计准则与国际会计准则下的会计质量比较 [D]. 复旦大学, 2013.

[248] 张五常. 中国的经济制度 [M]. 北京:中信出版社, 2017.12.

[249] 张先治, 晏超. 我国会计准则变革研究 [J]. 财经问题研究, 2013.

[250] 张颖薇."一带一路"战略下中国企业海外并购研究 [D]. 吉林大学, 2016.

[251] 张月伟. 中国会计准则国际趋同问题研究 [D]. 首都经济贸易大学, 2007.

[252] 张臻, 林天维. 中国与越南财务会计概念框架比较 [J]. 东南亚纵横, 2013.

[253] 赵爱玲. 中企海外并购进入"理性时代" [J]. 中国对外贸易, 2014.

[254] 赵曙明, 张捷. 中国企业跨国并购中的文化差异整合策略研究 [J]. 南京大学学报, 2005.

[255] 赵英林. 会计准则国际化的经济透视 [J]. 财会月刊, 2004.

[256] 郑新立. 一带一路战略为海外投资提供无限商机 [J]. 财经界, 2015.

[257] 郑泽祖. 建立中国会计准则体系又获进展 [J]. 会计研究, 1996.

[258] 支慧. 我国会计国际化进程中的问题研究 [J]. 职业, 2012.

[259] 中国现代国际关系研究院."一带一路"读本 [M]. 北京:时事出版社, 2015.

[260] 周发亮. 我国环境会计研究文献综述 [J]. 商场现代化, 2009.

［261］周红,王建新,张铁铸. 国际会计准则［M］. 大连:东北财经大学出版社,2008.

［262］周俊生."一带一路":新思路,新机遇［J］. 金融博览(财富),2014.

［263］周晓苏. 中俄会计制度比较及其启示［J］. 现代财经,2001.

［264］朱琳. 美国应用国际财务报告准则的策略选择研究与启示［J］. 会计研巧,2012.

［265］朱小梅,徐淑青,高文秀. 我国会计制度与会计准则的现状及发展趋势［J］. 经济师,2006.

［266］朱晓玉. 俄罗斯会计的演变过程［J］. 上海会计,2003.

［267］朱笑虹,易曼. 欧盟会计协调的进程及特点分析［J］. 企业经济. 2003.

［268］朱星文. 会计治理论［D］. 天津财经大学,2006.

［269］逐东,孙岩,杨丹. 会计信息与资源配置效率研究述评［J］. 会计研究,2012.

［270］卓毅,胡春. 会计准则制定权的争夺:理论分析与中国实际［J］. 审计与经济研究,2003.

［271］Aggarwal, R., Klapper, L., Wysocki, P. D. Portfolio preferences of foreign institutional investors［J］. Journal of Banking Finance, 2005, 29 (2): 2919 – 2946.

［272］Abdel Agami, Norvald Monsen. An appraisal of efforts by the Nordic countries toward accounting standards harmonization［J］. International Accounting, Auditing & Taxation. 1995, 4 (2)

［273］Accounting standards with international financial reporting standards. Accounting Forum, 29 (4): 415 – 436.

［274］Accounting standards: The FASB's standard setting strategy. Abacus, 42 (2): 165 – 188.

［275］Aisbitt, Sally. Why didn't accountant cross eroad? Towards a model of European enforcement of international financial reporting standards［J］. Ineraering Issues in Inrrnational Accounting&Business Conference, Department of Economic Sciences, 2 June 2004, Univerisity of Padova, Italy.

[276] Akwasi A. Am, pofo, Robert J. Sellani. Examining the differences between United States Generally Accepter Accounting Principles (U. S. GAAP) and International Accounting Standards (IAS): Implications for the harmonization of accounting standards [J]. Accounting Forum, 2005, 29.

[277] Ampofo, A. A. & Sellani, R. J. Examining the differences between United States Generally Accepted Accounting Principles (U. S. GAAP) and International Accounting Standards (IAS): Implications for the harmonization of accounting standards [J]. Accounting Forum, 2005, 29 (2): 219 – 231.

[278] ASB. Accounting standards 2002/001 [M]. London: The Bath Press, 2001.

[279] Ashbaugh, H. & Pincus, M. Domestic accounting standards, international accounting standards, and the predictability of earnings [J]. Journal of Accounting Research, 2001, 39 (3): 417 – 434.

[280] Ball R. What do we know about stock market "efficiency"? [M]. Uiversity of Rochester, William E. Simon Graduate school of Business Administration, Managerial Economics Research Center. 1989.

[281] Ball, R., Robin, A. & Wu, J. S. Incentives versus standards: Properties of accounting income in four East Asian countries [J]. Journal of Accounting and Economics, 2003, 36 (1): 235 – 270.

[282] Ball, shivakumar, L. Earnings quality i UIC priva firms: comparative lossrccogiioi imeliness [J]. Jounml of accounting and economics, 2005. 39 (1): 83 – 128.

[283] Ball, shivakumar. Eamings quality in U. K. private fiems [J]. Journal of Acounting and Economics, 2005, 39 (1): 83 – 128.

[284] Ball. International Financial eporting Standards (IFS): Pros and Cos fbr investors [J], Working Paper. 2006.

[285] Baov, E., adhakrishna, S., Itzhak. Ivest; or Sophistication and Patms in Scketurns after Earnings nouncements [J]. The Accounting eview, 2000. 75 (1): 43 – 63.

[286] Barth, M. E., Landsman, W. R. & Lang, M. H. International accounting standards and accounting quality. Journal of Accounting Research, 2008, 46

(3), pp. 467-498.

[287] Barth, Beaver, Landsman. The elevance of value elevace literatui'efbr financial accounting standards setting: Other view [J]. Journal of Accounting and Economics, 2001, 31: 77-104.

[288] Barth, M. E., Beaver, W. H. & Landsman, W. The relevance of evalue l'elevace liraUire for ancial accounting sdard setting: An other view [J]. Journal of Accounting and Economic, 2001, 31 (1): 77-104.

[289] Barth, M. E., Ladsman, W. & Lag, M. H. International accounting standards and accounting quality [J]. Journal of Accounting Research, 2008, 46 (3): 467-498.

[290] Begley, Feltham. The relation between market values, earnings forecasts and reporyed earnings [J]. Contemporary Accounting Research, 2002. 19: 1-48.

[291] Beatty R., Ritter J. Investment banking, reputation, and the under-pricing of initial public offerings [J]. Journal of Financial Economics, 1986, 15: 213-232.

[292] Bradbury, M. E. & Schröder, L. B., The content of accounting standards: Principles versus rules [J]. British Accounting Review, 2012, 44 (1): 1-10.

[293] Bradshaw M. T., Miller G. S. Will harmonizing accounting st: Andards really harmonize accounting? Evidence from no-US fii'ms adopting US GAAP [J]. journal of Accounting, Auditing & Finance, 2008. 23 (2): 233-264.

[294] Brown Stephen, Kin Lo, Thomas Lys. Use of R-squared in accounting research: measuring changes in value relevance over the last four decades [J]. Journal of Accounting and Economics, 1999, 28 (2): 83-115.

[295] Burgstahler D., Dichev I. Eamings management to avoid earnings decreases and losses [J]. Journal of accounting and economics, 1997. 24 (1): 99-126.

[296] Burgstahler D., Hail L., Leuz C. The importance of report incentives: Earnings management European private and public firms. The accounting eview, 2006. 81 (5): 983-1016.

[297] Bushee B. J., Noe C. F. Corporate disclosure practices, isitutional inves-

tors, and stock return volatility [J]. Journal of Accounting Research. 2000: 171 - 202.

[298] CAREYA. Harmonization: Europe Moves Forward [J]. Accountancy, 1990 (3): 92.

[299] Carmona, S. & Trombetta, M. On the global acceptance of IAS/IFRS accounting standards: The logic and implications of the principles - based system [J]. Journal of Accounting and Public Policy, 2008, 27 (6): 455 - 461.

[300] City. The need to classify worldwide accouncy practicesf [J]. ccounncy, 1987: 91.

[301] Collin, S. O. Y. et al., 2009. Explaining the choice of accounting standards in municipal corporations: Positive accounting theory and institutional theory as competitive or concurrent theories [J]. Critical Perspectives on Accounting, 2008, 20 (2): 141 - 174.

[302] Commission of the European Communities. Report onconvergence between International Financial Reporting Standards (IFRS) and third country national Generally Accepted Accounting Principles (GAAPs) and on the progress towardsthe elimination of reconciliation re - quirements that apply to community issuers under the rules of these third countries [R]. CESR, 2007: 3.

[303] Daske, H. and G. Gerbhardt. 2006. International Financial Reporting Standards and Experts' Perceptions of Disclosure Quality [J]. Abacus, 43 (3 - 4): 461 - 498.

[304] Daske, H. Economic benefits of adopting IFRS or US - GAAP: Have the expected cost of equity capital really decreased? [J]. Journal of Business Finance and Accounting. 2006, 33 (3) & (4): 329 - 373.

[305] Donna L. Street, Sidney J. Gray. How wide is the gap between IASC and U. S. GAAP? Impact of the IASC comparability project and recent international developments [J]. International Accounting, Auditing & Taxation. 1999, 8 (1).

[306] Donna L. Street, Kimberley A. Shaughnessy. The evolution of the G4 + 1 and its impact on international harmonization of accounting standards [J]. International Accounting, Auditing & Taxation. 1998, 7 (2).

[307] Dye, R. A. & Sridhar, S. S. A positive theory of flexibility in accounting

standards [J]. Journal of Accounting and Economics, 2008, 46 (2-3): 312-333.

[308] Ellen K. Stoddart. Political influences in changes to setting Australian accounting standards [J]. Critical Perspective on Accounting, 2000 (11).

[309] Enforcement [J]. Journal of Accounting Research, 2009, 47 (2): 447-458.

[310] Europea private and public firms [J]. The accouting review, 2006, 81 (5): 983-1016.

[311] Ewert, R. & Wagenhofer, A. Economic effects of tightening accounting standards to restrict earnings management [J]. The Accounting Review, 2005, 80 (4): 1101-1124.

[312] Fontes, A., Rodrigues, L. L. & Craig, R. Measuring convergence of national accounting standards with international financial reporting standards [J]. Accounting Forum, 2005, 29 (4): 415-436.

[313] Frederick D. S. Choi, Carol Ann Frost, Gary K. Meek. International accounting [M]. 北京: 北京大学出版社, 2002.

[314] FREDERICK D. S., et al. Mueler, international accounting. Prentice-Hall, 1992.

[315] Gerhard G. Mueller, Helen Gernon, Gary K. Meek. Accounting—An international perspective [M]. 北京: 机械工业出版社, 1998.

[316] Giner, B., Globalisation of Accounting Standards [J]. Accounting Review, 2008

[317] Holthausen, R. W. Accounting standards, financial reporting outcomes, and Hung, M., accounting standards and value relevance of financial statements: An international analysis [J]. Journal of Accounting and Economics, 2000, 30 (3): 401-420.

[318] Jens Wüstemann & Sonja Wüstemann, Why consistency of accounting standards matters: A contribution to the Rules-Versus-Principles debate in financial reporting [J]. Abacus, 2010: 46 (1): 1-27.

[319] Katherine Schipper, Principles-Based accounting standards [J]. Accounting Horizons, 2003, 17 (1): 61-72.

[320] Levitt, A. The importance of high quality accounting standards. Accounting Horizons, 1998, 12 (1), pp. 79-82.

[321] Meeks, G. & Swann, G. M. P. Accounting standards and the economics of standards [J]. Accounting and Business Research, 2009, 39 (3): 191-210.

[322] Meeks, Geoff & Swann, G. M. Peter. Accounting standards and the economics of standards [J]. Accounting and Business Research, 2009, 39 (3): 191-210.

[323] Nobes, C. W. Rules-Based standards and the lack of principles in accounting [J]. Accounting Horizons, 2005, 19 (1): 25-34.

[324] Perry, J. & Nlke, A. The political economy of international accounting standards [J]. Review of International Political Economy, 2006, 13 (4): 559-586.

[325] Richard G. Schroeder, Myrtle W. Clark, Jack M. C. Financial accounting theory and analysis [M]. 北京:中信出版社, 2002.

[326] Watts, R. L. & Zimmerman, J. L. Towards a positive theory of the determination of accounting standards [J]. The Accounting Review, 1978, 53 (1): 112-134.

[327] Whittington, G., The adoption of International Accounting Standards in the European Union [J]. European Accounting Review, 2005, 14 (1): 127-154.